Le Livre du
Zen

Le Livre du

Eric Chaline

HURTUBISE

HMH

Copyright © 2004, Hurtubise HMH ltée
pour l'édition en langue française

Titre original de cet ouvrage :
The Book of Zen
Édition originale produite et réalisée par :
Quarto Publishing plc
The Old Brewery
6, Blundell Street
Londres N7 9BH Grande-Bretagne

Copyright © 2003, Quarto Publishing plc

Directrice artistique : Moira Clinch
Éditeur : Piers Spence
Rédactrice en chef : Kate Tuckett
Rédactrice artistique : Karla Jennings
Directrice artistique adjointe : Penny Cobb
Conception graphique : Caroline Grimshaw
Rédactrice : Jean Coppendale
Picture Research : Image Select International
Traduction : Accutext Inc.
Mise en page : Geai bleu graphique

Les Éditions Hurtubise HMH bénéficient du soutien
financier des institutions suivantes pour leurs activités
d'édition :

– Gouvernement du Canada par l'entremise
  du Programme d'aide au développement
  de l'industrie de l'édition (PADIÉ)
– Société de développement des entreprises culturelles
  du Québec (SODEC)
– Programme de crédit d'impôt pour l'édition de livres
  du gouvernement du Québec

ISBN : 2-89428-692-9

Dépôt légal : 1er trimestre 2004
Bibliothèque nationale du Québec
Bibliothèque nationale du Canada

Éditions Hurtubise HMH ltée
1815, avenue De Lorimier
Montréal (Québec) H2K 3W6
Tél. : (514) 523-1523

Imprimé en Chine

www.hurtubisehmh.com

Table des matières

INTRODUCTION

« Quel bruit fait une main qui tape dans une autre ? » Cette courte question, ou koan, contient en elle-même une grande part de la philosophie du bouddhisme zen. Que peuvent donc tirer la femme et l'homme éduqués du XXIe siècle d'une énigme apparemment absurde ?

Bon nombre de gens avancent que le zen n'est rien de plus qu'une doctrine vieille de 1400 ans; d'autres croient qu'il s'agit du seul changement vraiment important qu'ait connu la conscience humaine.

Même si on utilise tout un attirail religieux dans la pratique du zen, il ne s'agit pas d'une religion telle que le sont le judaïsme et le christianisme. Les chrétiens croient que s'ils obéissent aux commandements de l'Église, ils seront récompensés ou punis dans une existence ultérieure. Nous devons comparer cette vision essentiellement passive du salut à la recherche active de la satori, la libération ou l'illumination, qui est au centre du bouddhisme zen. La satori n'est pas une récompense promise; c'est un état expérimenté ici et maintenant. En outre, la satori n'est pas le but ultime du zen, car en réalité, elle représente le début de la vie zen.

Aucun ouvrage sur le zen ne peut prétendre donner la voie à suivre pour atteindre l'illumination; chacun de nous doit emprunter un chemin distinct pour y parvenir. Par contre, un tel ouvrage peut relater les expériences de ceux qui nous ont précédés et nous guider dans notre cheminement.

Le Bouddha Amitabha (ou Bouddha de la Vie Infinie) est présenté ci-contre sous sa forme traditionnelle, soit les mains dans une attitude contemplative.

Même si les moines zen suivent un régime ascétique strict, leur environnement est souvent harmonieux et décoré avec soin.

Dans cet ouvrage, j'ai tenté de présenter un historique complet du bouddhisme zen – en retraçant ses origines par le biais des enseignements du Bouddha historique, Siddhârta Gautama (*Les racines de la Fleur*), et de leur dissémination de l'Inde vers la Chine et la Corée (*La tige de la Fleur*), jusqu'à son arrivée au Japon (*Les pétales de la Fleur*). Ainsi, vous découvrirez les principales écoles du zen et les maîtres qui les ont dirigées, comme ses principes fondamentaux et sa pratique (*Cueillir la Fleur* et *La Fleur épanouie*). Puis, nous observerons comment le zen a influencé les cultures japonaise et occidentale – une influence toujours croissante dans un bon nombre de domaines (*Les voies de la Fleur*).

CHAPITRE UN

LES RACINES DE LA FLEUR

LES RACINES DE LA FLEUR

Au même titre que le christianisme et l'islam, le bouddhisme est souvent considéré comme l'une des grandes religions du monde. Toutefois, si on compare au bouddhisme le christianisme et ses concepts d'immortalité de l'âme et d'Être Suprême Omniscient; et si on associe Jésus Christ, qui s'est proclamé « Fils de Dieu », au Bouddha historique, Siddhârta Gautama, on se méprend entièrement sur le bouddhisme.

Le bouddhisme a émergé de la riche tradition polythéiste hindoue dans laquelle sont vénérés une quantité prodigieuse de dieux et de déesses. Au début de son histoire, le bouddhisme était perçu comme une école non orthodoxe ou hérétique de l'hindouisme. Plus tard, on tenta de réconcilier les deux croyances en faisant de Bouddha une incarnation du dieu hindou, Vishnu. Au cours de sa longue progression vers l'Est, le bouddhisme fut fortement influencé par d'autres croyances polythéistes ou animistes, telles que le bon au Tibet, le tao en Chine et le shinto au Japon.

Au cours des siècles qui suivirent la mort du Bouddha historique (486 avant J.C.), le bouddhisme fut proclamé religion officielle dans bon nombre d'États indiens. Parmi la royauté, son disciple le plus fervent fut l'empereur Ashoka (IIIe siècle avant l'ère chrétienne) qui régna sur le premier empire indien. Après s'être converti au bouddhisme, Ashoka renonça à sa politique de conquête par la force pour la remplacer par une politique non violente de « conquête par la rectitude morale ».

Des missionnaires indiens emportèrent le bouddhisme jusqu'au royaume insulaire du Sri Lanka et en Asie du Sud-Est, une contrée déjà sous la sphère d'influence de la culture indienne. La Route de la soie, passant par l'Asie centrale et liant la Chine à l'Europe, contribua aussi à la dissémination du bouddhisme indien vers l'Est et, de moindre façon, vers l'Ouest.

Le monde bouddhiste s'est répandu du nord de l'Inde à l'Asie centrale, embrassant l'est et le sud-est de l'Asie.

Des royaumes bouddhistes furent établis en Afghanistan. Ils persistèrent jusqu'aux invasions mongoles du XIIIe siècle. Le bouddhisme atteignit la Chine au cours du Ier siècle de notre ère, puis il fit son apparition en Corée. Au cours du VIe siècle, il se répandit au Japon, supplantant rapidement le shintoïsme comme religion d'État.

Le bouddhisme connut un déclin en Inde, puis disparut sous les influences conjointes de l'invasion islamique du Xe siècle au nord et de la renaissance de l'hindouisme au sud. De nos jours, dans le sous-continent indien, le bouddhisme survit dans le royaume himalayen du Népal, du Bhutan et du Sikkim ainsi qu'au Sri Lanka. Jusqu'à récemment, le bouddhisme était aussi pratiqué dans l'est et le sud-est de l'Asie, notamment en Thaïlande et au Japon.

CELUI QUI A
TROUVÉ LA VOIE

Le fondateur du bouddhisme, Siddhârta Gautama, est né prince mais a vécu comme un indigent en Inde antique.

Si les enseignements du Bouddha historique, Siddhârta Gautama (566-486 avant J.C.), furent disséminés bien au-delà de sa terre natale, lui-même ne voyagea jamais plus loin qu'à quelques centaines de kilomètres de son lieu de naissance, à Lumbini, près des frontières actuelles entre l'Inde et le Népal.

Au cours des siècles, sont apparus un bon nombre de récits fantastiques qui relatent la vie de Bouddha et les miracles que celui-ci aurait accomplis. Le bouddhisme zen en particulier rejette ces légendes : Bouddha y est perçu comme ayant été un humain doté d'une connaissance

Les textes canoniques racontent que la reine Maya donna naissance à Bouddha debout au milieu d'un jardin. Lorsque l'enfant naquit, il aurait immédiatement fait sept pas. Dans l'illustration ci-contre, ceux-ci sont symbolisés par sept fleurs de lotus.

Au cours de l'âge d'or du bouddhisme, Bouddha était représenté uniquement sous forme symbolique, mais vers le Ier siècle avant J.C., on multiplia les images de Bouddha pour soi et pour ses descendants. La représentation de Bouddha devint un sujet central dans les arts, l'iconographie et les rituels.

approfondie et unique de la nature de la réalité.

Selon la croyance populaire, Siddhârta Gautama était le fils de Suddhodana, un des rajas, ou dirigeants élus, du clan guerrier Shakya. Enfant d'une classe privilégiée, il fut tenu à l'écart de la misère humaine jusqu'au jour où, jeune homme, il rencontra tour à tour un vieil homme, un homme malade et un homme mort. Réalisant que le lot de l'humanité était de subir la vieillesse, la maladie et la mort, il consacra sa vie à libérer les hommes du cycle de mort et de renaissance, de façon à ce que chacun puisse atteindre l'illumination – la satori ou le nirvana.

Abandonnant sa richesse, son statut et sa famille, il étudia d'abord les Vedas, les textes sacrés de l'hindouisme, sous la direction des érudits les plus illustres de l'époque. Après qu'il eut appris tout ce que ces derniers savaient, il les quitta, conscient que le salut ne pouvait être atteint uniquement par l'intellect. Il devint un yogi ascète et mortifia son corps. Toutefois, après six ans de privations, il comprit que l'ascétisme ne lui permettrait pas de trouver les réponses qu'il recherchait.

Fui par ses anciens disciples et près du désespoir, il décida de tenter une dernière fois d'atteindre l'illumination. Durant trois jours et trois nuits, il médita sous l'arbre de la bodhi où, au crépuscule de la dernière nuit, il connut l'illumination à 35 ans. Après toute une vie d'enseignement, il mourut dans le Kushinagara, appelé aujourd'hui l'État fédéré indien Uttar Pradesh.

LA MISE EN MOUVEMENT DE LA ROUE DE LA LOI

Les plus profonds enseignements de Bouddha tiennent dans les énoncés les plus simples tels que les quatre nobles vérités et le noble sentier octuple. Au cours des deux derniers millénaires et demi, l'étude et la pratique de ces enseignements ont donné lieu à certains des systèmes philosophiques et des pratiques rituelles les plus complexes.

Même s'il a atteint l'illumination, le Bouddha historique a choisi de rester dans le monde et de vouer sa vie à l'enseignement. Au cours de son premier sermon, à Varanasi, au nord de l'Inde, il a exposé la doctrine des quatre nobles vérités :

La vie est souffrance.
La souffrance est causée par l'avidité.
L'avidité peut être combattue.
Il faut suivre le noble sentier octuple.

Ce court énoncé résume la philosophie bouddhiste. Le monde souffre et, même si certaines expériences sont une source de plaisir, celles-ci aussi sont vouées à passer. L'impermanence mène à la souffrance. Par conséquent, notre souffrance n'est pas seulement provoquée par des agents externes telles la maladie, la famine et la mort, mais aussi par des agents internes comme la poursuite insatiable de notre joie matérielle et physique. Parce que nous croyons avoir un ego ou une personnalité immuable – une âme –, nous demeurons prisonniers de nos désirs, lesquels mènent à la déception et à la souffrance. Pour sublimer ces illusions, Bouddha a enseigné à ces disciples la voie du noble sentier octuple :

La roue de la loi bouddhiste symbolise le cycle infini des renaissances. Les huit pointes représentent le noble sentier octuple.

La pensée juste
L'action juste
L'effort juste
La parole juste
Les moyens d'existence justes
La pleine conscience juste
La concentration juste
La vue juste

Le noble sentier octuple est aussi appelé la voie du milieu, parce qu'il rejette tous les comportements extrêmes. Le sentier traduit à la fois des directives morales, telles que la parole juste (ne pas mentir ou répandre des potins) et les moyens d'existence justes (ne pas occuper un emploi qui nuirait à d'autres êtres vivants). Il inclut également les enseignements sur la façon d'atteindre l'illumination par le biais de l'étude et de la méditation.

Finalement, Bouddha enjoignit ses disciples à s'appuyer sur les trois joyaux :

Le concept de sentier symbolique se trouve au centre de la pensée bouddhiste. Le sentier photographié ci-dessus serpente dans la montagne jusqu'à un bouddha assis dans une position méditative de tranquillité parfaite.

le Bouddha ;
le dharma, les
enseignements
du Bouddha ;
la sangha, la communauté de croyants.

Au tout début du bouddhisme, on croyait que seuls les moines et les moniales ordonnés pouvaient atteindre l'illumination. Or, dans les interprétations subséquentes du bouddhisme, y compris le zen, on affirme que même les laïques peuvent y parvenir au cours de leur existence.

PETITE ET GRANDE
COMPASSIONS

Dans le bouddhisme moderne, la libération du karma et du cycle de mort et de renaissance peut être obtenue en suivant un des deux véhicules.

Le bouddhisme est divisé en deux lignées principales, ou «véhicules», qui préconisent des interprétations différentes de ce qui doit être fait après avoir atteint l'illumination. Il s'agit du bouddhisme mahayana (grand véhicule) et du bouddhisme hinayana (petit véhicule). Les deux lignées ont été établies par des pratiquants de la tradition mahayana, laquelle s'est avérée prédominante. Une forme de bouddhisme hinayana survit au Sri Lanka et en Asie du Sud-Est, où on l'appelle le bouddhisme theravada (l'enseignement des Anciens) ou le bouddhisme Pali (reposant sur des textes canoniques écrits en langue palie). Ses adeptes prétendent qu'il s'agirait de la forme de bouddhisme pratiquée par Bouddha lui-même.

Au cours du IIe siècle, le philosophe indien Nagarjuna proposa le concept de vacuité (sunyata) qui mena à l'émergence de la tradition mahayana. Il s'opposait à l'école hinayana, laquelle soutenait que, même si tous les phénomènes sont vides à cause de leur impermanence, ils possèdent une «nature en soi». Nagarjuna maintenait que la véritable nature de la réalité est d'être totalement dénuée de permanence en soi. La place de Nagarjuna dans le bouddhisme mahayana est tellement importante qu'il y est reconnu comme étant le deuxième Bouddha.

Alors que les pratiquants du hinayana tentent d'atteindre la libération, ceux du mahayana aspirent à devenir des bodhisattvas (êtres illuminés) dont le but est de libérer tous les êtres de la souffrance. D'où les autres noms attribués à ces deux traditions, soit la «grande» et la «petite» compassion. La tradition mahayana prédomine au Tibet, en Mongolie, en Chine, au Vietnam, en Corée et au Japon. Le bouddhisme chan de Chine et le bouddhisme zen du Japon font tous deux partie du grand véhicule.

Des temples à l'architecture sophistiquée de la tradition mahayana, comme celui-ci trouvé en Chine, sont également érigés au Tibet, en Mongolie, au Vietnam, en Corée et au Japon.

LA DISPERSION DES GRAINES DE LA FLEUR

Des missionnaires bouddhistes indiens ont voyagé le long de la Route de la soie pour disséminer leur croyance en Asie centrale, puis en Chine et au Japon.

Tout comme l'Église catholique après la mort de son prophète, Jésus Christ, la sangha bouddhiste, ou communauté de croyants, connut des schismes et des disputes après le paranirvana (dernier nirvana) du Bouddha historique, Siddhârta Gautama. Les chercheurs ont identifié des douzaines d'écoles concurrentes au sein de la tradition hinayana, seule l'école theravada ayant survécu jusqu'à nos jours. Les différentes interprétations des trois joyaux (le Bouddha, le dharma et la sangha) sont à l'origine de ces divisions. Celles-ci furent fréquemment influencées par les interventions de dirigeants bouddhistes, et ce, à leur avantage, comme le firent les empereurs romains de Constantinople sous l'influence de l'Église chrétienne.

Malgré des décennies de persécution, les bouddhistes tibétains pratiquent toujours une forme unique de rituel bouddhiste.

Arrivant au Japon après avoir voyagé de la Chine vers la Corée au cours du VIe siècle, le bouddhisme s'est fusionné à la religion shinto, puis en a absorbé de nombreux éléments caractéristiques.

Ces divergences n'entraînèrent ni mort ni guerre, mais à ce jour, les nombreuses écoles de bouddhisme prétendent toutes détenir la juste interprétation du dharma et toutes se présentent comme les récipiendaires légitimes du Bouddha historique.

Les bouddhistes theravada du Sri Lanka et de l'Asie du Sud-Est suivent de plus près l'enseignement du Bouddha historique puisqu'ils rejettent les nombreux ajouts effectués par les philosophes mahayana. Au sein même de la tradition mahayana, il existe un bon nombre d'écoles concurrentes. L'école vajrayana du Tibet et de Mongolie s'appuie sur son propre canon ésotérique sacré, les tantras. La notoriété du Tibet repose sur la complexité de son système philosophique et sur ses rituels élaborés, lesquels sont mieux connus en Occident depuis l'expulsion du Dalaï-Lama du Tibet par les autorités chinoises en 1959. Pour complexifier davantage les choses, le bouddhisme tibétain est divisé en quatre écoles principales.

Les écoles chinoises, coréennes et japonaises forment le deuxième courant en importance du bouddhisme mahayana. Comme nous le verrons plus loin, ces trois pays possèdent des traditions bouddhistes incroyablement riches et actives. Dans chaque cas, le bouddhisme est entré en contact avec une religion locale florissante. Les principales écoles de bouddhisme chinois sont le chan, le tientai et Terre Pure, qui furent implantés ultérieurement au Japon en tant que zen, tendai et jodo. Le Japon qui fut la dernière grande culture de l'est de l'Asie à accueillir le bouddhisme, proclama que ses propres écoles étaient les meilleures. Pour justifier ses dires, le Japon utilisa l'image qui suit : si l'Inde est la racine du bouddhisme et la Chine sa tige, le Japon en est la fleur, soit la culmination d'un long processus de développement ayant commencé avec le Bouddha historique pour être couronné par le zen.

CHAPITRE DEUX

LA TIGE DE LA FLEUR

LA TIGE DE LA FLEUR

Même s'il était voué à disparaître, c'est le bouddhisme chinois qui permit à la tradition mahayana de s'implanter en Corée et au Japon.

Au cours de son voyage d'un bout à l'autre de l'Asie, le bouddhisme s'est d'abord établi en Chine et en Corée, où il développa de profondes racines et bénéficia de l'influence des philosophies et des religions traditionnelles de ces régions. Le bouddhisme de la lignée hinayana atteignit la Chine à l'époque de la dynastie Han (206 avant J.C. – 221) et y fut proclamé religion d'État. Toutefois, il ne fit qu'une percée timide dans la population, et cela jusqu'à la période des dynasties du Nord et du Sud (219 – 580). Les missionnaires en provenance de l'Inde apportèrent les enseignements de la tradition mahayana en Chine et les moines chinois firent le périlleux voyage vers l'Ouest pour étudier en Inde. L'âge d'or du bouddhisme chinois eut lieu au cours de la dynastie Tang (618 – 906). Après son arrivée en Chine, le bouddhisme s'est transformé au cours des siècles sous l'influence du taoïsme et du confucianisme, puis il s'est intégré à la culture chinoise. Les deux formes de bouddhisme les plus populaires durant la dynastie Tang furent celles des écoles Terre Pure et chan. L'école Terre Pure enseignait une foi pleine de simplicité : aussi dépravés soient les humains, la croyance en Bouddha peut leur permettre d'obtenir la libération. Après la conquête musulmane du nord de l'Inde, le bouddhisme chinois se trouva isolé de ses origines occidentales. Malgré son épanouissement au cours de la dynastie Sung, le bouddhisme devint l'objet de persécutions et commença à connaître un long et inexorable déclin. Il fut balayé avec toutes les autres religions au moment de la révolution communiste de 1949.

En Chine, les bouddhas et les bodhisattvas chinois acquirent des apparences et des noms distincts.

Les œuvres d'art de Dunhuang trouvées dans les temples érigés au nord-ouest de la Chine, comptent parmi les travaux des premières communautés bouddhistes chinoises.

Le bouddhisme mahayana chinois fut introduit dans la péninsule coréenne au cours de la période des Trois Royaumes (350 – 668).

Le bouddhisme demeura la religion dominante jusqu'au XIVᵉ siècle, alors que les dirigeants de la dynastie Yi néo-confucianiste (1392 – 1901), craignant le pouvoir de cette institution, mirent en péril sa suprématie. Un bon nombre de monastères et de temples furent fermés et des écoles rivales furent forcées de fusionner. De 1909 à 1945, la Corée, faisant partie de l'empire japonais, vit le bouddhisme qui y était pratiqué se transformer sous l'influence des écoles japonaises. Le bouddhisme se trouva ainsi confronté à d'autres croyances, telle celle de l'Église de l'Unification du révérend Sung Myung Moon.

VERS LA CONCENTRATION ABSOLUE DE L'ESPRIT

Bodhidharma, fondateur du bouddhisme zen, apporta de l'Inde une nouvelle forme de bouddhisme méditatif en Chine.

Après le Bouddha historique, une autre figure se démarque dans le développement du bouddhisme zen (*chan* en chinois et *Son* en coréen) : il s'agit du moine bouddhiste errant Bodhidharma (470 – 534), connu sous le nom Tamo en Chine et Daruma au Japon. L'histoire prétend qu'il fut à la fois le 28e patriarche indien et le premier patriarche chinois de chan. Il quitta l'Inde en 517 et arriva au sud de la Chine en 520, après un long et périlleux voyage. En fait, on sait peu de choses sur sa vie, mais de nombreux récits relatent son arrivée et son séjour en Chine. Certains chercheurs soutiennent que le Bodhidharma de la tradition zen n'a jamais existé, et que ce personnage aurait été construit à partir de la vie et du travail de missionnaires indiens ayant transporté les enseignements de la tradition du bouddhisme mahayana, mieux connu en Chine sous le nom Dhyana.

Dhyana, qui signifie méditation ou absorption, n'est pas un concept purement bouddhiste. On le retrouve dans les upanishads, les textes sacrés hindous, ainsi que dans le yoga ashtanga ou raja de pantajali.

LES POUPÉES DARUMA

Au Japon, les figurines de Bodhidharma (Daruma), sans corps et avec de grands yeux fixes non peints, sont communément utilisées comme porte-bonheur. Ainsi, ceux qui doivent accomplir une tâche difficile achètent une poupée de Daruma et s'engagent à accomplir cette tâche en peignant un œil de la figurine. Le deuxième devra être peint à son tour une fois le travail achevé.

C'est en Inde que vécut le Bouddha historique et aujourd'hui, la culture nationale s'en inspire toujours considérablement.

Dans l'hindouisme, dhyana représente à la fois la pratique de la méditation et l'état supérieur de conscience qui précède la samadhi, ou la libération finale de la renaissance.

Dans le bouddhisme, le dhyana est aussi connu sous le nom de jhana, un processus en huit étapes censé soustraire nos sens à toutes les distractions pour que le méditant puisse atteindre une «concentration absolue». Les quatre jhanas inférieurs consistent en des méditations sur les formes tangibles, alors que les quatre jhanas supérieurs sont plutôt des méditations sur la vacuité. Le jhana n'est pas une fin en soi, mais un état transitoire. Ces expériences profondément puissantes se révèlent un moyen parmi d'autres d'acquérir la tranquillité et la lucidité requises pour atteindre l'illumination.

Les patriarches chinois, successeurs de Bodhidharma, ont incorporé le dhyana dans le bouddhisme chan, l'intégrant à son tour au laotzu, la philosophie du tao. Il fut ensuite transporté en Corée avec d'autres formes de bouddhisme chinois, où on lui donna le nom de Son. Il atteignit finalement le Japon au cours du VIIᵉ siècle.

« RIEN N'EST SAINT ! »

Légendes et faits réels s'entrelacent dans la vie de Bodhidharma, faisant resplendir sa compréhension profonde de la nature de la réalité.

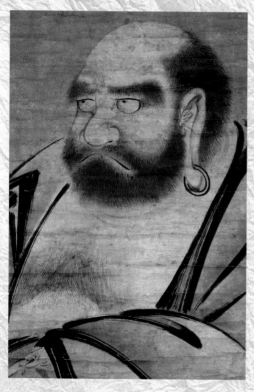

Dans cette représentation chinoise traditionnelle, on a donné à Bodhidharma un visage féroce recouvert d'une barbe fournie et de sourcils broussailleux.

BODHIDHARMA ET L'EMPEREUR WU

Lorsque Bodhidharma arriva en Chine, il fut sommé de comparaître à la cour sud de l'empereur Wu (502 – 550), un généreux protecteur du bouddhisme mahayana. L'empereur lui demanda quel était le mérite qu'il avait acquis en accomplissant ses nombreuses œuvres.

«Aucun mérite, pas de bénéfice», répondit Bodhidharma.

Perplexe, l'empereur demanda : «Alors, quel est le sens ultime de la Sainte Vérité ?»

«Un vide insondable. Rien n'est saint», fut la réponse.

Exaspéré et déconcerté, l'empereur demanda : «Qui est celui qui se trouve en face de moi ?»

«Je ne sais pas», fut la réponse de Bodhidharma.

Cette rencontre peut être considérée comme l'une des premières histoires zen, et les réponses de Bodhidharma à l'empereur annoncent le style à venir de l'enseignement des maîtres chan et zen.

Bodhidharma ne trouve aucun mérite à ses nombreuses œuvres, et

rejette toute transmission intellectuelle du dharma par le biais de l'étude des écritures.

BODHIDHARMA ET LE TEMPLE SHAOLIN

Peu compris dans le sud de la Chine, Bodhidharma partit vers le nord, jusqu'au royaume de Wei, s'installant dans une grotte à flanc de montagne à Loyang, près du temple Shaolin. Il trouva que les moines du temple étaient saints et forts d'esprit, mais exceptionnellement faibles physiquement. Ils

En Chine et au Japon, le bouddhisme est associé aux arts martiaux depuis fort longtemps. Selon la tradition, les enseignements de Bodhidharma constituent la base du kung fu chinois. Ci-dessus, des moines Shaolin montrent leurs habiletés.

n'avaient pas l'endurance physique nécessaire aux nombreuses heures de méditation que le dhyana exigeait. Il leur enseigna donc une série d'exercices, lesquels devinrent le fondement de la boxe Shao-Lin Lohan, origine réputée du kung fu chinois.

On raconte qu'après neuf années de méditation immobile, les jambes et les bras de Bodhidharma s'affaiblirent. Selon une autre légende, pour éviter de s'endormir pendant qu'il méditait, Bodhidharma se coupa les sourcils, lesquels, jetés à terre, prirent racine et donnèrent naissance à l'arbre à thé. Ses successeurs choisirent une méthode moins extrême, buvant du thé pour rester réveillés durant la méditation.

«APPORTE-MOI
TON ESPRIT»

*Bodhidharma est reconnu pour avoir été le premier
de six patriarches chinois du bouddhisme chan.*

Alors que Bodhidharma méditait assis face à la paroi de la grotte – pratique courante du zen soto connu sous le nom de mempeki –, Eka (478 – 593), un célèbre érudit de l'époque, entra dans la grotte pour obtenir un enseignement. Le premier patriarche ignora Eka et continua à méditer.

En proie au désespoir, Eka se trancha un bras à l'aide d'une épée et le tendit à Bodhidharma en disant : « L'esprit de votre disciple n'est pas en paix. S'il vous plaît, pacifiez-le. » Bodhidharma répondit : « Apporte-moi ton esprit et je le pacifierai. » Eka continua : « Je ne peux l'apporter, je le cherche, mais il demeure introuvable. » « Alors, je l'ai déjà pacifié », conclut Bodhidharma. Et, à ces mots, Eka connut l'illumination. Il resta six ans avec Bodhidharma qui lui transmit son enseignement et fit de lui son successeur. Quand les autres disciples répondirent de façon éclairée aux questions de Bodhidharma, Eka resta silencieux. Bodhidharma le désigna deuxième patriarche de la lignée chan.

Durant le règne de Seng Tsan (an 606), le troisième patriarche, le bouddhisme chan se transforma sous l'influence du taoïsme. Seng Tsan est l'auteur d'un poème dont le premier verset exprime cette union :

> L'automutilation d'Eka illustre bien à quel point les maîtres zen étaient prêts à commettre des gestes extrêmes pour atteindre l'illumination.

Pénétrer la Voie n'est ni facile ni difficile,
Il ne faut ni amour, ni haine, ni choix, ni rejet,
N'éprouvant ni amour ni haine,
Perspicace, clairvoyante, pénétrante est la compréhension.

(Pierre D. Crépon, *Pratiquer le zen*,
Paris, Pocket, 1996, p. 160.)

Le quatrième patriarche, Tao Hsin (580 – 651), fut le fondateur de la première communauté monastique, laquelle devint un modèle pour les monastères fondés par la suite en Chine et au Japon. Dans son

Les grands maîtres chan, et plus tard les maîtres zen, préféraient souvent la solitude d'un ermitage au confort d'un cloître.

enseignement, il mit l'accent sur l'importance de zazen, ou de la méditation assise. Le cinquième patriarche, Hung Jen (601 – 674), préconisa le contrôle progressif de l'esprit par la méditation, en se concentrant sur le chiffre un, représenté par le seul trait horizontal dans le système d'écriture chinoise, et qui devint un thème commun plus tard dans la calligraphie chan et zen. L'âge d'or du chan fut marqué par l'arrivée du sixième et dernier patriarche et dont la succession fut à l'origine d'une division de la lignée chan qui mena à l'émergence des écoles du Nord et du Sud.

LES CHIFFRES CHINOIS

Les caractères chinois utilisés pour désigner les chiffres font appel à un petit nombre de traits. Les chiffres un, deux et trois sont respectivement formés d'un, deux et trois traits horizontaux. Il existe aussi une série de chiffres plus complexes, mais la simplicité de la forme (illustrée ci-dessous) se révèle un point de départ pour la méditation et pour la calligraphie zen.

LE DERNIER
PATRIARCHE

La nomination du sixième patriarche, né d'une famille humble,
provoqua la division du chan en deux écoles rivales.

Le sixième et dernier patriarche du chan fut Hui
Neng, ou Wei Lang (638 – 713). Dans sa jeunesse,
pour gagner sa vie, il ramassait du bois d'allumage
dans le sud de la Chine. Un jour, lorsqu'il entendit
une récitation du *sutra du diamant* (ou
enseignement), il expérimenta un éveil spirituel
profond et décida de se trouver un maître. Il
voyagea vers le nord pour rencontrer le cinquième
patriarche, Hung Jen, qui était l'abbé d'un grand
monastère, et lui demanda de l'instruire. D'abord,

Ci-dessous, Hui Neng, écoutant
une récitation du *sutra du diamant*,
connaît une profonde expérience
spirituelle. On dit qu'il est l'auteur
posthume du *sutra de la plate-
forme*, malgré le fait qu'il était
apparemment illettré.

30

Hung Jen ne prit pas Hui Neng au sérieux, mais fut impressionné par la profondeur de sa compréhension. Puisqu'il ne pouvait pas permettre à un illettré de devenir moine, il l'invita à travailler dans la cuisine. Quelques mois plus tard, cherchant un successeur, Hung Jen demanda aux moines de lui résumer leur connaissance du chan dans un poème. Parce que tous les moines s'attendaient à ce que le successeur de l'abbé soit Shen Hsiu (667 – 730), le moine le plus expérimenté, Hui Neng fut le seul à rédiger un poème, traduit ci-dessous :

> Le corps est l'arbre de l'Éveil,
> L'esprit est comme un miroir brillant sur son support,
> Aussi devons-nous toujours le nettoyer
> Afin que la poussière ne s'y dépose pas.

Hui Neng demanda à un moine de lui lire le poème et en écrivit un autre en réponse :

> L'esprit n'est pas tel l'arbre de l'Éveil,
> Il n'y a pas de miroir brillant,
> Originellement, il n'y a rien.
> Où, alors, la poussière pourrait-elle se déposer ?

Après avoir entendu ce poème, Hung Jen le désigna comme successeur et sixième patriarche. Toutefois, craignant que les partisans de Shen Hsiu s'en prennent à sa vie, il s'enfuit vers le sud de la Chine. Lorsque le cinquième patriarche mourut, Hui Neng mit sur pied son ministère dans le sud, peu après avoir croisé deux moines qui se querellaient au sujet d'un drapeau :

L'un des moines disait :« Le drapeau bouge. » L'autre, en désaccord, répliquait : « Non, c'est le vent qui bouge. » Et Hui Neng les corrigea en répliquant : « Ce n'est ni l'un ni l'autre, c'est votre esprit qui bouge. »

Le chan, comme le zen, n'enseigne pas par le biais des sutras, mais à partir d'anecdotes, telle celle de la leçon de Hui Neng et du drapeau.

« LE SUD SOUDAIN ET LE NORD GRADUEL »

Les différentes interprétations quant à la meilleure façon d'atteindre l'illumination sont à l'origine de la grande division entre le bouddhisme chan du Nord, du Sud, et le bouddhisme zen.

La succession controversée du cinquième patriarche, Hung Jen, mena à la division du bouddhisme chan en deux écoles : celle du Nord, établie par Shen Hsiu, et celle du Sud, dirigée par Hui Neng dûment nommé successeur du dharma Shen Hui (mort en 762). La dispute n'était pas qu'une affaire personnelle. Au contraire, Hui Neng et Shen Hsiu auraient même été en bons termes, mais leurs disciples respectifs se battaient fréquemment. On affirme aussi que les partisans de l'école du Nord tentèrent d'assassiner Hui Neng. On ignore quel crédit accorder à ces affirmations, puisque tous les textes furent produits par les disciples victorieux de l'école du Sud.

La principale différence entre les deux écoles résidait dans la façon d'atteindre l'illumination. L'école du Nord était associée à l'illumination graduelle, alors que l'école du Sud préconisait l'illumination soudaine – une opposition résumée par l'aphorisme japonais, *Nanton Hokuzen* (le Sud soudain et le Nord graduel).

Le patriarche du Nord Shen Hsiu enseignait une voie paisible vers l'illumination par l'étude, l'exercice et la méditation. Toutefois, sa lignée s'éteignit quelques générations après sa mort.

Hui Neng affirma officiellement la supériorité de l'école du Sud au cours d'une grande assemblée à Hua Tai, en 732. Il refusa de reconnaître l'école du Nord comme égale ou complémentaire à celle du Sud, déclarant qu'une seule lignée pouvait succéder au dharma de Bodhidharma, et qu'il s'agissait de la sienne. La véritable illumination, soutenait-il, est une réalisation soudaine du non-esprit. «Tous les maîtres ont atteint l'illumination en un seul moment », disait-il. Ses successeurs employèrent des méthodes surprenantes pour favoriser cette réalisation, y compris des cris et des coups.

Même si l'école du Sud en vint à dominer le chan en Chine, l'opposition entre l'illumination graduelle et l'illumination soudaine demeure irrésolue dans le zen japonais; chaque position s'appuie sur les enseignements des écoles soto ou rinzai.

> Les rivalités entre les différentes factions de combat des deux écoles ont profondément marqué l'histoire du chan.

« PAROLES ÉTRANGES, MÉTHODES SURPRENANTES »

*Ma Tsu, l'un des principaux représentants de l'école du Sud,
enseignait le chan de l'illumination soudaine.*

L'énoncé « des paroles étranges et des méthodes surprenantes » résume le style d'enseignement de Ma Tsu tao I (709 – 788), le maître de la troisième génération de l'école chan du Sud de Hui Neng. Homme d'une prestance inquiétante, il devint un modèle pour les maîtres zen qui lui succédèrent.

Ma Tsu fut le premier maître chan à utiliser régulièrement le cri « Ho! » et le bâton d'éveil, ou *kyosaku* en japonais, dans son enseignement. Lancé à tue-tête, le cri « Ho! » servait à éveiller l'élève à un moment précis pour lui permettre d'atteindre l'illumination; il représente aussi la transmission silencieuse du dharma entre le maître et l'élève. Les méthodes violentes de Ma Tsu ne se limitaient pas aux coups de bâton. Il termina un échange avec son successeur, le moine Pai Chang (720 – 814), en lui tirant le nez tellement fort que celui-ci cria de douleur. On raconte que l'expérience permit à Pai Chang de connaître l'illumination instantanément.

Ma Tsu était l'élève de Nan Yueh (677 – 744). Un jour, lorsque Ma Tsu pratiquait zazen (méditation assise), Nan Yueh s'enquit de ce qu'il était en train de faire.

« Je désire devenir un bouddha », fut la réponse de Ma Tsu.

Nan Yueh commença à polir une tuile avec une pierre. Lorsque Ma Tsu lui demanda ce qu'il était en train de faire, il répliqua : « Je veux en faire un miroir. »

Ma Tsu lui demanda : « Comment est-il possible de faire un miroir avec une tuile ? »

Le maître de répondre : « Comment est-il possible de devenir un bouddha en pratiquant zazen ? »

L'enseignement de Ma Tsu se résume à l'énoncé (mondo) : « Sans esprit il n'y a pas de bouddha, sans bouddha il n'y a pas d'esprit ». Ainsi, l'illumination ne serait pas le fruit d'années de méditation et d'étude, mais la réalisation d'un instant.

La lignée de Ma Tsu s'éteignit avec Chao Chou (778 – 897), car il ne trouva pas de successeur. À partir de cette époque, la descendance de l'école de l'illumination soudaine fut prise en charge par un autre maître chan, Lin Chi.

> Selon Ma Tsu, vouloir atteindre l'illumination par la pratique de zazen est aussi vain que de polir une tuile avec une pierre pour en faire un miroir.

« SOIS SIMPLEMENT TOI-MÊME ! »

*Maître de l'école de l'illumination soudaine du Sud, Lin Chi
est aussi reconnu comme le fondateur du zen rinzai du Japon.*

Un des maîtres chan les plus influents dans la lignée établie par Hui Neng, Lin Chi (Linzi, ou Rinzai Gigen, mort en 866), fut un élève de Huang Po Hsi Yun (mort en 850). Pendant trois ans, Lin Chi se soumit à la vie monastique. Un moine avait remarqué le manque total d'orgueil et de vanité du jeune Lin Chi. Aussi suggéra-t-il à ce dernier de demander un entretien avec l'abbé Huang Po pour lui demander : « Pourquoi Bodhidharma est-il venu de l'Ouest ? »

L'abbé le reçut, et en guise de réponse, frappa Lin Chi sur la tête avec son bâton. Déçu et perplexe, il chercha l'aide d'un autre maître chan, Ta Yu. Après avoir écouté l'histoire de Lin Chi, ce dernier déclara : « Quelle bonté, ce Huang Po. Il essaie seulement de t'aider. » À ces mots, Lin Chi connut un éveil profond et commença à sauter de joie, disant : « Le chan de Huang Po n'est rien ! C'est vraiment très simple ! »

Lin Chi revint ensuite auprès de Huang Po, frappa son maître et poussa un grand « Ho ! » (*Kwatz !* en japonais). L'abbé feignit d'être en colère, mais plutôt que d'expulser Lin Chi du monastère, il l'accepta comme disciple.

Le chan de Lin Chi était une expérience à vivre au jour le jour. Il conseilla à ses élèves de regarder au-delà des pièges du désir aveugle et d'adopter une vision ordinaire : « Lorsqu'il est temps de s'habiller, habille-toi. Lorsque tu dois marcher, marche. Ne te préoccupe pas de devenir un bouddha, sois simplement toi-même. »

« Si l'ignorant rit de toi, le sage comprendra. »

Ardent défenseur du « Ho ! » et de l'école kyosaku du chan lorsqu'on lui posait une question métaphysique, Lin Chi était susceptible de répondre par un cri ou un

Lin Chi croyait que l'illumination peut seulement être expérimentée par un éveil soudain, lequel est particulièrement susceptible de survenir grâce à un grand coup et un « Ho ! » percutant.

L'idée de Lin Chi de mettre l'accent sur la lucidité dans le vécu ordinaire, fut au centre de sa philosophie et de la pensée zen en général. L'art – et particulièrement l'art qui vise à saisir l'essence des choses ordinaires et le monde naturel – est souvent considéré comme un moyen d'atteindre la conscience vraie.

coup bien porté. Ses élèves ne pouvaient lui répondre en s'appuyant sur l'enseignement bouddhiste traditionnel. Toutefois, s'ils étaient sincères, ils devaient adopter de nouvelles façons de penser. La lignée de Lin Chi a donné naissance à une des deux écoles de bouddhisme zen du Japon, le rinzai.

LE PASSAGE DES
NEUF MONTAGNES

*Les royaumes de la péninsule coréenne ont conçu leur propre
tradition de bouddhisme chan, connue sous le nom son.*

Le chan, ou son, trouva demeure dans la péninsule coréenne vers l'an 630. Toutefois, sa renommée ne fut pas immédiate. Wonhyo (618 – 686) fonda les assises de son succès à venir. Il fut un des principaux penseurs bouddhistes de la Corée et fonda l'école popsong (nature du dharma). Même s'il n'était pas un bouddhiste son, Wonhyo enseignait une forme condensée de bouddhisme, tentant ainsi de réconcilier les différentes écoles.

À l'époque de Silla (668 – 935) furent fondées les neuf écoles son, ou les «neuf montagnes». Sept d'entre elles étaient issues de la lignée de l'école chan du Sud dirigée par Ma Tsu. Au cours de la période Koryo (935 – 1392), Chinul (1158 – 1210) entreprit de réformer le

Les neuf écoles son sont symbolisées par neuf montagnes, chacune étant un sommet de pensée et d'enseignement qui devait être intégrée à ses rivales.

son et de raviver le bouddhisme coréen. Il commença à intégrer les «neuf montagnes» à sa pratique et réconcilia la division fondamentale du bouddhisme chan avec sa doctrine d'illumination soudaine et de pratique graduelle (*tono chomsu*).

En 1623, le roi néo-confucianiste coréen interdit aux moines et aux moniales de résider ou même d'entrer dans la capitale. Ainsi, plusieurs monastères de Corée virent le jour sur des montagnes en des lieux isolés.

Chinul entra au monastère à sept ans et fut ordonné moine à 25 ans. Il n'étudia pas formellement, mais connut trois éveils distincts en lisant les textes Son, dont le sutra de l'estrade de Hui Neng. Plutôt que de retourner dans la capitale pour enseigner, il fonda le monastère Songgwang Sa sur le mont Chogye. Chinul y enseigna une doctrine qui visait à réconcilier les écoles son soudaine et graduelle, mais sa mort prématurée l'empêcha de concrétiser cette unification des diverses écoles coréennes.

Les œuvres de Chinul furent reprises un siècle plus tard par Taego (1301 – 1382) qui connut l'illumination à 33 ans. Il acheva le travail entrepris par Chinul et fonda l'école chogye qui unifia les neuf écoles son. Cette école demeure aujourd'hui encore une voie dominante du bouddhisme coréen contemporain.

CHAPITRE TROIS

LA *FLEUR*
ÉPANOUIE

La FLEUR DU MONDE

Au Japon, le bouddhisme a supplanté le shinto, la religion d'origine, et est demeuré la principale religion du pays jusqu'à la Restauration Meiji au XIXe siècle, alors qu'il fut éclipsé par une brève renaissance du shinto.

Au milieu du VIe siècle, le bouddhisme fut introduit au Japon par le biais de la Corée. Après certaines résistances initiales des partisans du shinto, le bouddhisme fut adopté par l'élite japonaise : sa position fut consolidée lorsque le prince Shotoku (574 – 664) introduisit des réformes l'instituant comme religion d'État. Les premières écoles japonaises qui imitaient de près leurs modèles chinois, s'insérèrent dans les traditions hinayana et mahayana. Dosho (629 – 700), le fondateur de l'école hosso, introduisit une forme de chan qui provenait de l'école du Sud japonaise, mais le zen ne prit racine que cinq siècles plus tard.

Au cours de la période Heian (794 – 1185), le système impérialiste japonais vit les écoles (ésotériques) de tendai et shingon maintenir le bouddhisme en tant que religion d'État. Ce n'est que pendant la période de Kamakura (1185 – 1333), lorsque'la première des nombreuses dynasties de shogun (dictateurs militaires) s'empara du pouvoir, que le bouddhisme devint réellement une religion populaire, avec l'introduction des écoles zen rinzai et soto.

Le Japon s'est imposé au cours de la longue période d'isolement qu'on appelle aussi la période Eno (1600 – 1867). Le bouddhisme fut alors un proche allié du gouvernement des shoguns de Tokugawa qui dirigeaient le Japon à partir de Edo (maintenant Tokyo). Lorsque les shoguns furent finalement détrônés et que la cour impériale fut réinstaurée, on réinstitua le shinto comme religion d'État et on interdit le bouddhisme pendant un certain temps.

Pendant l'occupation américaine, après la défaite du Japon dans la guerre du Pacifique (1941 – 1945), les autorités du pays créèrent un système politique démocratique séculaire. La reconnaissance de la liberté de croyance religieuse mena à l'émergence d'un bon nombre de nouvelles religions – des croyances qui combinaient divers éléments de différentes religions. Pendant les périodes de persécution religieuse, le zen japonais était toléré davantage que les autres traditions bouddhistes. Il continue à s'épanouir, attirant des élèves du monde entier.

Le gigantesque Daibutsu (Grand Bouddha) installé dans le temple Todaiji de Nara, ancienne capitale de l'époque impériale du Japon, confirme l'importance du bouddhisme dans ce pays.

LE FONDATEUR DE LA VOIE ZEN

Le Japon du guerrier samurai fut la terre fertile où Eisai sema les enseignements du zen et les premiers théiers.

Le père du zen, Eisai (ou Yosai, 1141 – 1215), fonda la lignée rinzai (en chinois : école Lin Chi de chan) et fit construire les premiers temples et monastères zen au Japon. D'abord moine de la secte bouddhiste tendai, Eisai se rendit en Chine en 1168 où il étudia le bouddhisme chinois et rédigea les écritures Tien Tai (*Tendai*). Il visita le pays une seconde fois en 1187, cette fois pour y étudier le chan sous la tutelle d'un maître de l'école Lin Chi (du Sud) de l'illumination soudaine. Après trois ans d'entraînement, il atteignit l'illumination et reçut son inkashomei, ou certificat de reconnaissance, lequel lui accordait l'autorité d'enseigner et d'établir sa propre lignée.

Eisai retourna au Japon en 1192, à une période cruciale de l'histoire de sa terre natale. Sept ans plus tôt, les shoguns Minamoto, la première dynastie de dirigeants samurai du Japon, s'étaient emparés du pouvoir qui reposait à la cour impériale. Eisai passa dix ans à Fukuoka, à l'extrême ouest du pays, où il fit ériger le premier temple zen, Shofukuji. Il y enseigna une forme de zen qui combinait des éléments du tendai, du shingon et du chan.

LE INKASHOMEI

Le inkashomei est la reconnaissance formelle accordée par un roshi à son élève lorsque ce dernier a connu l'illumination. À l'origine, le inkashomei était accordé lorsqu'un élève atteignait le satori, mais aujourd'hui, on admet généralement qu'il existe plusieurs niveaux d'illumination. Ainsi, il n'est pas rare que le inkashomei soit remis à différentes étapes de l'existence d'un élève, chacune d'elles désignant le niveau que ce dernier a atteint. L'octroi du inkashomei peut se faire oralement ou par écrit. De cette dernière façon, il s'apparente au hiéroglyphe ci-contre.

Eisai fit construire les premiers monastères zen au Japon, malgré l'opposition d'autres sectes bouddhistes.

Malgré l'opposition des monastères et des puissantes écoles tendai érigés près du mont Hiei, Eisai parvint à faire construire Kenninji, le premier monastère zen et, plus tard, Jufukuji, un deuxième établissement monastique dans Kamakura, la capitale shogun de l'est du pays.

Une des innovations les plus marquantes de Eisai fut l'introduction du thé au Japon. Il écrivit le premier ouvrage sur la façon de boire le thé dans lequel il préconisait la consommation de celui-ci au détriment du saké ou vin de riz, pour des raisons de santé. Les moines zen utilisèrent le thé vert pour rester éveillés durant la pratique de zazen. De plus, la préparation et la consommation de ce dernier se retrouvèrent au cœur du rituel de la cérémonie du thé, ou chanoyu.

Eisai fut un enseignant prolifique et très populaire. Il devint une grande inspiration pour Dogen, le fondateur du zen soto (soto shu), la deuxième lignée de zen japonais.

LA GRANDE ILLUMINATION

Le zen rinzai, héritage de l'école du Sud du chan chinois, préconise l'illumination soudaine par l'étude de koans.

Le zen rinzai est le nom japonais de l'école Lin Chi du bouddhisme chan. Comme les autres écoles du Sud, le rinzai accorde une grande importance à l'utilisation de cris et de coups de bâton, ainsi qu'aux échanges dynamiques entre maître et élèves, centrés sur des koans gradués, des énoncés paradoxaux et des questions visant à dérouter les processus de pensée rationnelle. Toutes ces méthodes sont utilisées pour provoquer une crise mentale chez l'élève.

Au Japon, les temples et les monastères de l'école rinzai étaient divisés d'une façon qui rappelait les divisions des premiers temples chan en Chine.

Le maître peut alors pousser ce dernier dans l'expérience de l'illumination. Cet instant de réalisation est appelé la «grande illumination» ou le «grand doute».

Le rinzai fut reconnu comme une école indépendante de bouddhisme, bon nombre d'années après la mort d'Eisai. La reconnaissance officielle des shoguns provoqua une division tripartite des temples et des monastères rinzai. Les cinq temples les plus importants furent appelés le Gozan (les cinq montagnes), imitant la division des temples chinois. Les temples qui constituent le Gozan se transformèrent au cours des siècles, mais ils furent toujours érigés à Kyoto, la capitale impériale, ou Kamakura, la capitale des shoguns. Suivirent le Jussetsu (les dix temples), et le Shozan (réunissant d'autres temples importants, généralement construits à l'exté- rieur de Kyoto et de Kamakura). La division est aussi à l'origine de l'autre nom donné à cette école, Gozan Shu.

Nampo Jomyo (1235 – 1308) et son disciple Shuho Myocho (1282 – 1388) sont des figures dominantes de la lignée rinzai au Japon. Shuho Myocho, qui a reçu le titre posthume de Daito Kokushi, fut le premier abbé de Daitokuji, à Kyoto. Il est aujourd'hui encore un des principaux représentants du zen au Japon. Daito Kokushi est célèbre pour son indéfectible sens du sacrifice. Toute sa vie, il endura un boitement gênant. Lorsqu'il fut sur le point de mourir, il aurait forcé sa jambe à prendre la position du lotus au point de la fracturer, puis lui aurait déclaré : « Je t'ai suivie toute ma vie, maintenant c'est à toi de me suivre. » Il aurait ensuite écrit un poème d'adieu avant d'expirer.

La position du lotus requiert que chaque pied repose sur la cuisse de la jambe opposée. Les pratiquants du zen s'entraînent à demeurer dans cette position de méditation pendant de très longs moments, atteignant ainsi le parfait équilibre entre l'esprit et le corps.

Comme toute institution se voyant octroyer la reconnaissance et les privilèges d'État, le zen rinzai perdit graduellement son dynamisme. Au XVIIIe siècle, plusieurs abbés, moines et moniales se mirent à vendre des inkashomei, ou certificats d'illumination. La secte connut une renaissance grâce à l'œuvre d'un homme extraordinaire, Hakuin Ekaku (1685 – 1768).

LE CREDO DU
GUERRIER

Le bouddhisme demeura une religion réservée à l'élite jusqu'au XIIe siècle, lorsque les samurai dirigés par des shoguns s'emparèrent du pouvoir.

Le séisme politique ayant porté les shoguns Kamakura au pouvoir en 1185 n'eut pas pour seul effet de changer le pouvoir politique. Il n'engendra pas non plus un simple changement géographique du pouvoir de Kyoto – capitale impériale à l'ouest du Japon – à Kamakura, à l'est du Japon. Il provoqua la transformation de toute la société japonaise, passant d'un État bureaucratique centralisé à une terre de domaines rivaux, féodaux et demi-souverains. Dorénavant, l'empereur et sa cour se verraient accorder un rôle cérémonial sans pouvoir, alors que les seigneurs provinciaux, ou daimyo, à la tête des clans de samurai, dirigeraient le pays et se feraient concurrence pour le titre de shogun.

Les écoles bouddhistes établies pendant la période Heian étaient de proches alliées de la cour impériale; leur théologie sophistiquée et leurs rituels complexes n'avaient que peu d'attraits pour le daimyo provincial. Par surcroît, leur pouvoir auprès du peuple était souvent considéré comme une menace pour le pouvoir du shogun. Les écoles bouddhistes se révélaient souvent d'importants propriétaires terriens et entretenaient de grandes armées de moines guerriers qu'elles utilisaient pour intimider le gouvernement. Les shoguns avaient donc avantage à encourager une nouvelle école de bouddhisme qui reflétait davantage l'idéologie des samurai.

De nos jours, on pourrait se demander pourquoi une école de bouddhisme, laquelle fait la promotion du respect pour toute forme de vie, serait aussi populaire parmi les impitoyables samurai. D'abord, ces derniers considéraient la notion d'autodiscipline comme un ajout utile à leurs principes d'honneur, de travail et de loyauté indéfectible envers leur seigneur. Ensuite, pendant cette période

La philosophie zen est axée sur l'instant présent : l'ascétisme qu'elle préconise s'apparente beaucoup à la philosophie du guerrier.

48

d'incertitude et de violence, les doctrines du zen comme vivre le moment présent, transcender la vie et la mort, et l'illumination soudaine, devinrent plus attrayantes.

Le zen fut incorporé à la formation martiale des samurai pour affiner leur concentration et leur endurance mentale. Le grand homme d'épée, Miyamoto Musashi, (1584 – 1645), qui écrivit *le Livre des cinq anneaux*, enseignait que pour exceller, l'homme d'épée doit transcender sa crainte de la mort. Le lien avec les arts martiaux du Japon perdure jusqu'à ce jour, particulièrement dans les disciplines associées au samurai telles que les épreuves d'épée, ou kendo, et le tir à l'arc traditionnel, ou kyudo.

Souvent comparé à la pratique de zazen, le kyudo (tir à l'arc japonais) est depuis longtemps associé au bouddhisme zen. Ci-dessus, les archers exécutent le rituel complexe qui précède chaque tir.

L'ILLUMINATION
SILENCIEUSE

Contrairement au zen rinzai, le zen soto préconise l'atteinte de l'illumination par des moyens modérés et graduels, tant au point de vue de la pratique qu'à celui de l'approche.

Au Japon, le deuxième courant d'enseignement en importance du zen, le soto, fut fondé par Dogen (1200 – 1253). Dans un chapitre précédent, nous relations que Hui Neng, le sixième patriarche contesté de chan, était à la tête d'une lignée qui comprenait Lin Chi (en japonais : *rinzai*), laquelle atteignit son point culminant dans l'école rinzai. La

lignée de son rival, Shen Hsiu, avait attiré des maîtres zen, parmi lesquels plusieurs fondèrent leur propre école. Tung Shan (807 – 869, en japonais : *Tozan*) ainsi que son disciple et successeur, Tsao Shan (840 – 901, en japonais : *Sozan*), furent les co-fondateurs de l'école Tsao Tung (nom composé à partir des premiers caractères des patronymes des fondateurs, en japonais : *soto*).

Tung Shan était un contemporain de Lin Chi ; toutefois, son approche d'enseignement était totalement différente. Contrairement au zen Lin Chi « à cris et à coups de bâton », il insistait sur l'importance de zazen – la méditation assise – et de la compréhension intuitive de l'illumination.

> La pratique de zazen, la méditation assise, réside au cœur même de l'enseignement et de la pratique du zen soto.

L'approche silencieuse et contemplative du zen soto exerce le plus grand attrait, aussi bien au Japon qu'en Occident.

Les différentes approches furent introduites au Japon par Eisai, fondateur de la lignée rinzai, et Dogen, fondateur de la lignée soto. Même si leur interprétation du bouddhisme est similaire, les deux écoles conçoivent la formation de façon très différente. D'un côté, le rinzai préconise l'étude des koans et la méditation comme moyens de parvenir à l'illumination, et de l'autre côté, le soto utilise peu de koans et enseigne le mokusho *zen* – l'illumination silencieuse par le biais de shikantaza, laquelle associe la pratique de zazen à l'état d'illumination.

Deux établissements monastiques, le Eiheiji et le Sojiji, sont reconnus comme étant les sièges sociaux de l'école soto. Sojiji, reconstruit à Yokohama après qu'il eut été détruit au cours d'un incendie en 1898, est le plus grand des deux. Il existe un bon nombre de temples de moindre importance au Japon et environ 15 000 centres de méditation partout dans le monde. Pour le zen soto, la rivalité entre les deux monastères entraîna bien des difficultés qui furent résolues à la fin du XIXᵉ siècle. La secte connut une renaissance au XVIIᵉ siècle, puis encore au XXᵉ siècle, grâce à des réformes visant l'instauration des règles monastiques originales établies par Dogen.

L'ABANDON DU CORPS

Selon le zen soto de Dogen, il suffit simplement de s'asseoir pour connaître l'illumination.

Dogen (1200 – 1253), fondateur du zen soto, orphelin dès son tout jeune âge, connut très tôt la souffrance et l'impermanence de la vie. À sa mort, sa mère avait exprimé le vœu qu'il devienne moine. Aussi, à l'âge de 13 ans, il entra dans un des monastères tendai du mont Hiei. Mais après seulement un an de formation, il vécut le grand doute. « Pourquoi, si nous avons tous la nature du Bouddha, est-ce si difficile de toucher à celle-ci ? » Insatisfait de l'école tendai, il partit à la recherche d'un autre maître. Certains croient qu'après une longue recherche, il rencontra Myozen, un disciple de Eisai, fondateur de la lignée rinzai au Japon, qui commença à lui enseigner la

Le régime de méditation aride de Dogen empêcha ce dernier de connaître l'illumination.

Le zen de Dogen définit les obstacles à l'illumination, qu'ils soient métaphoriques ou physiques. Le désir même du satori peut empêcher le pratiquant d'atteindre l'illumination.

conception du zen et l'illumination. Dogen étudia pendant huit ans auprès de Myozen.

À 24 ans, il partit en Chine suivre l'enseignement de Ju Ching (1163 – 1228) de l'école Tsao Tung qui préconisait la pratique de longues périodes de zazen. On raconte qu'il commençait zazen à 14 h 30 et terminait à 23 h. Dogen adopta ce régime astreignant, mais tomba rapidement dans l'erreur de méditer de façon passive plutôt qu'active.

Un jour, il entendit Ju Ching blâmer un autre disciple qui, plutôt que méditer, ne faisait que somnoler.

« La pratique de zazen ne consiste pas uniquement à s'asseoir ! s'exclamait Ju Ching. C'est l'abandon de l'esprit et du corps. Que crois-tu pouvoir faire en somnolant ? »

Cette question fit jaillir une étincelle de compréhension chez Dogen quant à la nature de zazen et de l'illumination. Il décrivit l'expérience dans les termes suivants : « L'esprit et le corps ont été abandonnés. Ceci devrait être expérimenté par chacun. C'est comme essayer de remplir une corbeille ou une tasse sans fond – peu importe la quantité qu'on y verse, elle sera toujours vide. »

Retournant au Japon, il fonda un dojo de méditation, ou zendo, à Kyoto. Dans le zen de Dogen, il n'est pas nécessaire de se battre pour atteindre l'illumination ; en fait, le désir de l'atteindre est en soi un obstacle à sa réalisation. Selon la forme shikantaza de zazen, l'illumination sera le résultat naturel de la méditation.

LE FILS
DU NUAGE SOLITAIRE

Ikkyu, maître rinzai excentrique, est aussi reconnu comme un des peintres, poètes et calligraphes les plus accomplis du Japon.

Avec son style sans compromis, parfois violent, le zen rinzai a généré bon nombre d'illustres personnages. Par exemple, on raconte que Ikkuy Sojun (1394 – 1481) était le fils illégitime de l'empereur Go Komatsu (1377 – 1433). Enfant, il fut envoyé dans un monastère zen pour le protéger des intrigues de la Cour. Il quitta le monastère à 16 ans, dégoûté par l'avidité et la corruption dans lesquelles le zen s'était enchevêtré. Il continua ses études avec des maîtres reconnus pour leur rigidité : Keno (mort en 1414) et Kaso (1352 – 1428). C'est durant cette période qu'il connut finalement l'illumination. Il était parti méditer en bateau sur le lac Biwa, lorsqu'il fut dérangé par le craillement d'une corneille. Il écrivit alors le poème suivant :

Pendant dix ans, j'ai connu la confusion,
Furieux et en colère, mais mon jour est
maintenant arrivé !
La corneille craille, une arhat émerge de la
poussière,
Et dans la lumière du Soleil de Chao Yang, une
beauté de jade chante.

Le croassement d'une corneille sortit Ikkyu de sa méditation, mais fut aussi le déclencheur de son illumination ultime.

La tradition du lavis à l'encre dans laquelle excellait Ikkyu est encore pratiquée de nos jours par des élèves zen.

Lorsque Kaso tenta de le récompenser en lui remettant son inkashomei, ou certificat d'illumination, Ikkyu le repoussa d'une main, refusant d'être impliqué d'une quelconque façon avec les pratiques corrompues de l'établissement zen. Il préféra vivre la vie d'un errant, et se donna le nom de « Fils d'un nuage isolé. »

Le comportement excentrique de Ikkyu le rendit célèbre au Japon. Le jour du Nouvel An 1440, transportant une perche de bambou au bout de laquelle il avait piqué un crâne, il déambula dans les rues de Kyoto en criant : « Attention ! Attention ! » Lorsque des citoyens lui lancèrent des reproches, il répondit : « Les souvenirs de la mort ne doivent pas gâcher vos célébrations. Je fête moi aussi. »

À 80 ans, il accepta finalement de diriger le temple de Daitokuji à Kyoto, un des plus anciens, lequel avait été détruit par le feu. Il accepta le poste parce qu'il désirait voir le monastère reconstruit. Jusqu'à sa mort, ce dernier fut un adversaire intransigeant du zen corrompu et trompeur. Ikkyu est aussi considéré comme un des poètes, calligraphes et peintres à l'encre les plus accomplis du Japon.

LE GRAND RÉFORMATEUR

Le grand maître Hakuin réforma l'école rinzai et commença la codification des koans, lesquels furent inclus dans une méthode d'enseignement.

Durant la période Edo, Hakuin Ekaku fut l'homme qui raviva l'école rinzai et rendit l'enseignement du zen accessible à la classe moyenne émergente (1600 – 1867). Malgré l'opposition de ses parents, il devint moine à 15 ans. Pendant ses études, il fut profondément touché par l'histoire de l'assassinat du maître chan, Yen Tou Chuan Huo (828 – 887), lequel avait laissé échapper un grand cri de souffrance avant de mourir. Il persévéra toutefois et, après quatre années de travail sur le koan du chien de Joshu, il connut une expérience qu'il qualifia d'illumination finale, ou satori. Il décrivit l'avoir ressentie «comme un champ de glace de milliers de lieues et, de l'intérieur, comme un sentiment d'une clarté parfaite».

Aveuglé par sa fierté, Hakuin demanda à son abbé de confirmer son illumination, mais celui-ci refusa. Hakuin se rendit à un autre maître, lequel refusa lui aussi d'obtempérer. Il persévéra et la véritable illumination lui vint au moment où il demandait l'aumône. Il s'arrêta devant une maison dont il n'entendit pas l'occupante, une vieille femme, lui dire qu'elle n'avait rien pour lui. Indignée qu'il se tienne toujours là, la vieille femme assena un coup foudroyant à Hakuin qui perdit connaissance. Lorsqu'il se réveilla, son esprit était clair et il avait compris le sens du cri de Yen Tou. «Yen Tou est sain, fort et en santé», dit-il. L'expérience prouva à Hakuin que l'illumination n'était pas un événement unique couronnant la formation zen, mais qu'elle pouvait être vécue plusieurs fois – chacune de ces fois approfondissant la compréhension de l'élève.

Après une période de maladie, Hakuin amorça sa propre carrière de maître. Homme d'une énergie sans borne, même durant ses vieux jours, il réforma la règle monastique qui est encore suivie aujourd'hui dans les temples rinzai. Il créa bon nombre de koans célèbres, y compris le fameux «Quel bruit fait une main qui tape dans une autre?» Ses héritiers continuèrent à codifier et à graduer les koans existants. Hakuin est aussi reconnu en tant qu'un des principaux calligraphes, peintres et poètes zen du Japon.

Hakuin crut qu'il avait atteint l'illumination grâce à son travail sur le koan du chien de Joshu. Son abbé refusa de le lui confirmer jusqu'à ce qu'il expérimente une véritable illumination pendant qu'il demandait l'aumône.

LE GRAND ILLUMINÉ

Les maîtres zen n'étaient pas tous des personnages excentriques terrifiants qui malmenaient leurs élèves. Ryokan, du zen soto, constitue un bon exemple d'enseignement pondéré.

Le féroce Hakuin et l'excentrique Ikkyu représentent un type de maîtres zen étroitement associés au rinzai. Toutefois, l'autre école zen du Japon, le soto, a également produit certains enseignants extraordinaires. Un de ceux-ci fut le moine poète et calligraphe Ryokan Taigu (1758 – 1831). Ryokan était un enfant studieux et silencieux qui fut envoyé dans une école confucianiste à dix ans. Au début de l'âge adulte, il traversa une profonde crise spirituelle et décida soudainement de devenir moine. Il entra en tant que novice à Koshoji, au temple soto local, où il vécut plusieurs années. En 1780, Kokusen (mort en 1791) le visita. Impressionné, Ryokan décida de devenir son disciple et emménagea au temple de Kokusen, à Tamashima, où il étudia la poésie et la calligraphie zen. L'approche zen de Kokusen était très terre-à-terre ; il la décrivait comme consistant à «empiler des pierres et à déplacer de la poussière».

En 1790, Ryokan reçut le inkashomei des mains de Kokusen, certifiant qu'il avait connu l'illumination. Ordonné moine, il prit le nom de Ryokan Taigu ; Ryokan signifiant «bon et chaleureux» et Taigu, «merveilleux illuminé», parce qu'il avait une simplicité et une candeur enfantines.

En tant que successeur du dharma de Kokusen, Ryokan aurait pu devenir l'abbé d'un des grands temples soto, mais il préférait la vie de l'errant et de l'ermite. Il vivait entièrement des dons qu'il parvenait à quêter, écrivant de la poésie et créant des chefs-d'œuvre de calligraphie. En fin de parcours, il retourna à sa province natale, Echigo. À cause de sa simplicité, de sa pauvreté ainsi que de son adoration des enfants et des animaux, Ryokan est souvent comparé à saint François d'Assise, un autre illuminé de Dieu.

Ryokan préférait la vie de simple ermite – écrire des poèmes, peindre, pratiquer la calligraphie – au tumulte inhérent à la vie dans un grand temple zen.

Voici une traduction de son dernier poème :

Ce que je laisserai en héritage,
Des fleurs au printemps,
Le coucou en été
Et les feuilles cramoisies
De l'automne.

L'amour qu'il portait pour le monde naturel a souvent servi d'inspiration à Ryokan. D'ailleurs, ce sont les feuilles d'automne cramoisies qui inspirèrent son dernier poème.

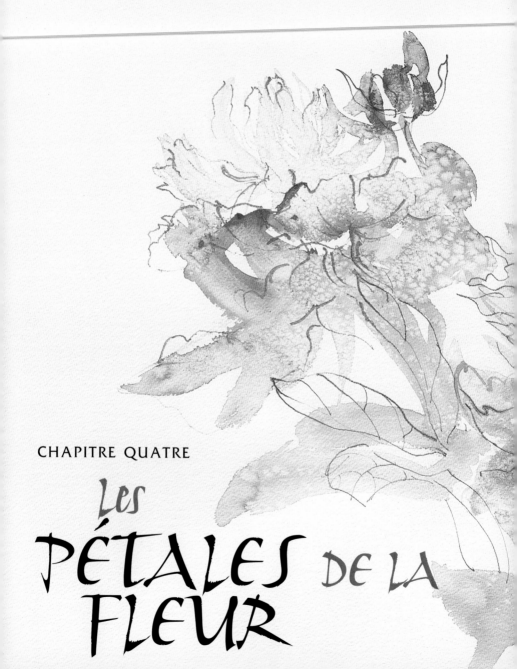

CHAPITRE QUATRE

LES PÉTALES DE LA FLEUR

LES PÉTALES DE LA FLEUR

Contrairement au dualisme de la pensée occidentale qui sépare le bien du mal et l'esprit et le corps, les philosophies orientales s'appuient sur leur union intime sous-jacente.

Le zen présente des problèmes particuliers pour l'esprit occidental, lequel hérite de deux traditions très distinctes. D'un côté, il y a l'esprit rationnel, cherchant l'évidence scientifique et la preuve de tous les phénomènes. La rationalité plonge ses racines dans le matérialisme et la logique des anciens philosophes grecs. Cette tradition croit en un monde d'une matière solide, gouverné par des lois prévisibles. Même si les théories de la relativité, du quantum et du chaos ont délogé les anciennes certitudes newtoniennes, pour l'homme et la femme de la rue, si une chaise a l'air d'une chaise et que vous pouvez vous y asseoir, alors ce doit être une chaise. Le monde est réel parce que nous pouvons y toucher, nous y déplacer.

Complètement à l'opposé de cette tradition se trouve le concept occidental de la foi – Dieu a ses raisons que lui seul connaît. Il est insaisissable et notre seul recours est une foi aveugle et inconditionnelle en lui si nous désirons obtenir le Salut. Il semble n'y avoir aucune façon de

> Pour l'esprit occidental, une chaise est une chaise parce que nos sens la perçoivent comme telle. Cette position grandement rationnelle peut entrer en conflit avec des croyances religieuses. Les religions orientales résolvent en partie ce conflit.

réconcilier ces positions diamétralement opposées. Notre culture, plus que toute autre, repose sur des paires d'oppositions : le bien et le mal, le masculin et le féminin, le moi et le monde. Notre identité propre est arrêtée par la définition de ce que nous sommes et de ce que nous ne sommes pas.

Les philosophies et les religions orientales, même si elles utilisent parfois les dualités du genre bien et mal, regardent au-delà du substrat indifférencié de l'existence humaine qu'on appelle parfois dieu. Dans l'hindouisme, le taoïsme et le bouddhisme, nous faisons tous partie d'un seul esprit, auquel nous retournerons lorsque nous aurons atteint l'état spirituel approprié. Dans le chan et le zen, cet état n'est pas projeté dans quelque vie future : il est atteignable dans le présent. L'illumination est une expérience qui requiert à la fois une grande foi et un grand doute et, même s'il ne peut être compris de façon rationnelle, on peut prouver son existence en l'expérimentant.

Avant de continuer à examiner les principes zen plus en détail, nous devons aborder la critique la plus répandue à l'égard du bouddhisme et du zen, soit qu'elles sont des religions nihilistes et qu'elles détestent la vie. Alors que les bouddhistes rejettent la souffrance de la condition humaine, ils ne rejettent pas la condition humaine comme telle. Le zen en particulier, nous enseigne à vivre le moment présent à travers notre travail, nos loisirs et nos interactions quotidiennes.

YIN ET YANG

Le yin et le yang représentent deux pôles de l'être qui sont opposés, mais complémentaires. Le yin représente la féminité – tout ce qui est retiré, réceptif et obscur – et le yang, la masculinité – tout ce qui est puissant, lumineux et expansif. L'interaction des deux est illustrée par un cercle divisé en des sections noire et blanche au centre desquelles se trouve un cercle de la couleur opposée correspondante. Ce concept illustre la tendance des religions orientales à regarder au-delà de simple dualité.

« S'ADRESSER DIRECTEMENT À L' ESPRIT »

Le zen ne peut pas être enseigné, mais son expérience peut être partagée de maître à élève, « d'esprit à esprit ».

Une transmission spéciale hors des écritures,
Qui ne repose pas sur les mots et les écrits.
En nous adressant directement à l'esprit,
Nous pouvons pénétrer la nature des choses et atteindre la nature de Bouddha.

Ces lignes célèbres, attribuées à Bodhidharma, résument l'idée de transmission directe ou silencieuse qui est centrale dans les bouddhismes chan et zen. La transmission fait référence à la fois au transfert d'autorité d'un patriarche à un autre, et à l'enseignement de maître à disciple. Le geste ne dépend pas d'un texte sacré, et il ne peut pas non plus s'exprimer oralement. La transmission est simplement le symbole d'une compréhension partagée de la nature de la réalité.

L'incident suivant survenu au cours de la vie de Bouddha est considéré comme la première occurrence de transmission directe : un jour, alors que la sangha, ou communauté de croyants, était rassemblée sur le pic des Vautours de façon à entendre le Bouddha parler, ce dernier s'assit en silence sans rien dire. Enfin, il prit une fleur. Parmi ses disciples, seul Mahakashyapa comprit les gestes du Bouddha et sourit au maître. On dit que, dans ce moment de silence, le Bouddha a transmis son autorité à Mahakashyapa qui devint son successeur à sa mort et, du coup, le premier patriarche indien.

Le sermon silencieux de Bouddha est considéré comme la première transmission sans parole.

Cette transmission, ou succession du dharma, se poursuivit pour 27 patriarches indiens et pour les cinq patriarches chan ayant succédé au Bodhidharma. Au début du chan, la transmission était symbolisée par la remise de la robe et du bol du patriarche, lesquels auraient été utilisés par le Bouddha lui-même. La transmission directe explique l'importance de la succession du dharma dans le chan et le zen, et les divisions survenues dans le chan après la nomination controversée du sixième patriarche (voir les écoles du Nord et du Sud). Ultérieurement, dans le zen, la transmission fut confirmée par l'émission d'un inkashomei, ou certificat d'illumination, à des élèves censés avoir achevé leur formation.

Le pic des Vautours, lieu où la transmission directe eut lieu pour la première fois, est devenu le sujet d'étude d'un grand nombre d'artistes zen.

QUAND UNE CHAISE
N'EST PAS UNE CHAISE ?

Rien de ce que nous pouvons voir, entendre ou toucher dans le monde n'a une existence permanente. Tout, par nécessité, passe.

Un des concepts centraux du bouddhisme est la «vacuité» (*sunyata* en sanskrit, *ku* en japonais), qui avance que toutes les formes et les entités dans l'univers sont vides. Pour expliquer ce que cela signifie, prenons un objet telle une chaise. Le point de vue commun du monde des phénomènes – le monde des choses et des événements qui constitue ce que nous appelons la réalité observable – est que tous les objets possèdent une nature permanente unique. Ainsi, le bon sens nous dit qu'une chaise est toujours une chaise.

Toutefois, si nous prenons un microscope pour examiner notre chaise, nous constaterons que plus l'amplification est grande, moins elle se distingue de son environnement. Au niveau moléculaire, les frontières de la chaise, l'atmosphère qui l'entoure et la personne qui y est assise sont floues. Nous ne pouvons pas dire où l'un commence et où l'autre se termine. Au niveau atomique, la matière ressemble aux systèmes solaires, avec de grands gouffres séparant les électrons tournant autour du noyau atomique. Au niveau subatomique, la distinction entre la matière et l'énergie est abolie. Les particules se comportent parfois comme de minuscules grappes de matière ou comme des vagues oscillantes qui apparaissent et disparaissent de l'existence.

Même au niveau macrocosmique de la vie quotidienne, une chaise n'est pas toujours une chaise. Si vous regardez une chaise à un moment donné, vous remarquerez qu'elle a déjà été un morceau de bois. Dans l'arbre, où se trouve la chaise qui sera fabriquée? Au cours de son existence, l'usure modifiera l'apparence et la structure de la chaise, laquelle perdra un peu de son bois et commencera à accumuler des dépôts de saleté. Avec le temps, la chaise se brisera et le bois se désintégrera, pourrira et finalement, tombera en poussière. La chaise est donc une manifestation très temporaire et son matériau ne possédera jamais de «chair» en soi.

Notre tendance à nier l'idée que toutes les choses sont vides et éphémères est la principale cause de la souffrance humaine. La compréhension intellectuelle de la vacuité est un exercice relativement simple, mais la formation zen permet d'en prendre conscience et de l'expérimenter.

Le zen bouleverse nos idées préconçues sur la véritable essence des objets.

« BOUDDHA EST ESPRIT, L'ESPRIT EST BOUDDHA »

La personnalité humaine ou l'ego auquel les Occidentaux tiennent tant, est aussi une illusion.

Si un objet inanimé, telle une chaise, est une forme vide, alors nous qui changeons à la fois physiquement et mentalement – dans le temps et l'espace –, sommes encore moins susceptibles de posséder une âme immortelle ou une personnalité. Dans le sutra du cœur, le Bouddha Avalokiteshvara (*Kannon* en japonais) perçoit que les cinq conditions, ou skandas, constituant tous les êtres humains (forme, sensation, activité mentale, perception et conscience) sont également vides. Il s'agit d'une nouvelle formulation de la doctrine d'anatman, ou du non-soi de Bouddha, qui explique la raison pour laquelle l'empereur Wu demanda au Bodhidharma : « Qui est celui qui se trouve en face de moi ? » Ce à quoi le moine répondit : « Je ne sais pas. »

La vacuité, toutefois, n'est pas synonyme de vide. Le bouddhisme n'est pas une religion nihiliste laissant les hommes et les femmes debout aux abords de l'abîme. Il existe un principe sous-jacent dans l'Univers, même s'il est dépourvu de forme. Ce concept qui, dans le bouddhisme, se rapproche le plus de la notion d'âme, du Saint-Esprit et du Dieu des chrétiens, est la nature de Bouddha – *buddhata* en sanskrit et *bussho* en japonais. La nature de Bouddha n'est ni neutre ni amorale, puisqu'elle donne corps aux vertus de la compassion et de la sagesse.

Lorsque l'empereur Wu demanda au troisième patriarche, Fa Tsang (643 – 712), de l'école de bouddhisme Hua Yen, de lui expliquer ce qu'était la nature de Bouddha, le patriarche lui apporta la statue d'un lion en or pur. « Le lion, expliqua-t-il, représente le monde des phénomènes que nous expérimentons tous, mais l'or dans lequel il a été moulé est le principe sous-jacent – la nature de Bouddha – qui n'a pas de forme en soi. »

La tradition mahayana, laquelle inclut le zen, enseigne que tous les êtres humains possèdent une nature bouddhique. Ainsi, chacun de nous peut connaître l'illumination, peu importe son âge ou son état spirituel; seul le brouillard créé par nos propres illusions nous empêche de le réaliser.

L'esprit de Bouddha ne connaît ni sujet ni objet, mais il met l'accent sur des concepts qui dépassent les limites des formes créées par l'homme, ces dernières étant, par conséquent, illusoires.

« JE FAIS VŒU DE SAUVER TOUS LES ÊTRES, AUSSI NOMBREUX SOIENT-ILS. »

La réalisation ultime dans le bouddhisme mahayana est de devenir un bodhisattva, qui fait vœu de libérer tous les êtres impermanents.

On reproche souvent aux bouddhistes de se retirer du monde de façon égoïste, pour atteindre leur propre libération. Selon la tradition hinayana/theravada, il ne peut y avoir qu'un seul Bouddha par cycle historique, et celui-ci est déjà apparu sous la forme de Siddhârta Gautama. Le niveau le plus élevé auquel le disciple peut aspirer est celui de

arhat (en chinois : *lo han*, en japonais : *rakan*), qui précède la nature bouddhique véritable. Pour les partisans de la tradition mahayana, il s'agit d'une compréhension partielle de l'enseignement de Bouddha, et du bouddhisme. Ces derniers aspirent plutôt à l'état de bodhisattva (en chinois : *pu sa*, en japonais : *bosatsu*), qui peut être traduit par « entité illuminée ». Le bodhisattva se détourne consciemment de sa propre libération, ou nirvana, et demeure dans le monde, faisant le vœu d'aider les autres à connaître l'illumination.

L'idéal du bodhisattva – le sujet de la peinture ci-contre – est au centre de l'aspiration zen. Non satisfait de connaître l'illumination, le bodhisattva continuera à travailler pour permettre aux autres d'atteindre des états analogues aux éveils bouddhiques.

La posture du bodhisattva ci-contre illustre le mariage de la compassion et de la sagesse profonde, vertus ultimes auxquelles aspirent les bouddhistes zen.

Par la pratique des six perfections, ou Paramitas – la générosité, la moralité, la patience, l'effort, la méditation et la sagesse – les pratiquants cherchent à lier compassion et sagesse.

L'idéal du bodhisattva est au centre de toute pratique zen; il est symbolisé par les quatre grands vœux, ou Shiguzeigan, récités à la fin de la pratique de zazen, ou méditation assise :

Shujo muhen seigando
(Si nombreux soient les êtres temporels, je fais vœu de les sauver tous.)

Bonno mujin seigandan
(Si nombreuses soient les passions, je fais vœu de les modérer toutes.)

Homon muryo seigangaku
(Si nombreux soient les obstacles au dharma, je fais vœu de les relever tous.)

Butsudon mujo seiganjo
(Si différent soit un bouddha, je fais vœu de le réaliser.)

Il existe différentes formes de bodhisattvas. Quiconque prononce le vœu de bodhisattva s'est engagé à sauver la vie des autres. Il existe aussi des bodhisattvas célestes. Un des plus populaires dans l'est de l'Asie est Avalokitésvara (Kannon en japonais et Kuan-yin en chinois, signifiant «celui ou celle qui entend le son du monde»). En Chine et au Japon, Avalokitésvara incarne l'idéal de compassion et prend une forme féminine.

DANS LA
LUMIÈRE

L'illumination est l'objectif du zen, mais elle n'est pas la fin en soi. C'est plutôt le début d'une nouvelle vie.

Plusieurs facteurs peuvent conduire à l'illumination (en japonais : *kensho* ou *satori*). Parmi ces facteurs, on compte les stimuli externes soudains – une corneille qui craille, une cloche qui sonne ou un coup dur à la tête – ainsi que le processus interne et graduel de la méditation assise. Certaines écoles, notamment le son coréen, enseignent que l'introspection à laquelle on se livre après une expérience soudaine doit être approfondie par zazen.

Pour plusieurs écoles bouddhistes autres que zen, l'illumination est semblable au paradis chrétien – une récompense future pour une vie exemplaire. Dans le zen, la satori doit être expérimentée dans la vie actuelle. Aussi connue sous le nom de «grande mort», l'illumination n'est pas la fin du zen, mais plutôt un éveil à notre égard et à l'égard de la nature réelle de l'Univers, ou de la nature de Bouddha, et le début d'un nouveau type de vie enrichie.

Un état radieux, mais surtout passif, est l'image populaire de l'illumination. Toutefois, certaines preuves scientifiques recueillies auprès de personnes pratiquant zazen révèlent que les cerveaux de ces personnes sont entièrement alertes, même si elles sont en paix.

Le zen reconnaît qu'il existe plusieurs formes d'illumination. Pendant la méditation, un élève peut expérimenter le contrôle de l'esprit (en japonais : *joriki*), un état essentiellement positif, dans lequel l'esprit s'équilibre lui-même, offrant une joie et une énergie véritables. Certains croient que la joriki propose un accès aux pouvoirs surnaturels, comme la lévitation et la télépathie. La joriki, par contre, n'est qu'une étape menant à l'illumination. Certains phénomènes menaçants (en japonais : *makyo*) sont indésirables, par exemple les hallucinations qui, même si elles sont inoffensives, peuvent être dérangeantes. Encore une fois, la personne qui médite doit les ignorer. La première expérience d'illumination est connue sous le nom de kensho (la nature de visibilité). Elle est le prélude à d'autres expériences qui approfondiront la compréhension du chercheur. L'expérience ultime de la satori se nomme *mujodo no tatgen* (la concrétisation de la voie insurpassable). Il s'agit de l'expérience permanente de la satori pendant l'existence terrestre.

Un singe offre une pêche à un pratiquant, symbole de satisfaction sexuelle, alors qu'il songe à cette tentation. Cette peinture doit être placée au-dessus de la pipalia ou de la feuille du figuier de l'illumination, sous laquelle le Bouddha a atteint l'illumination.

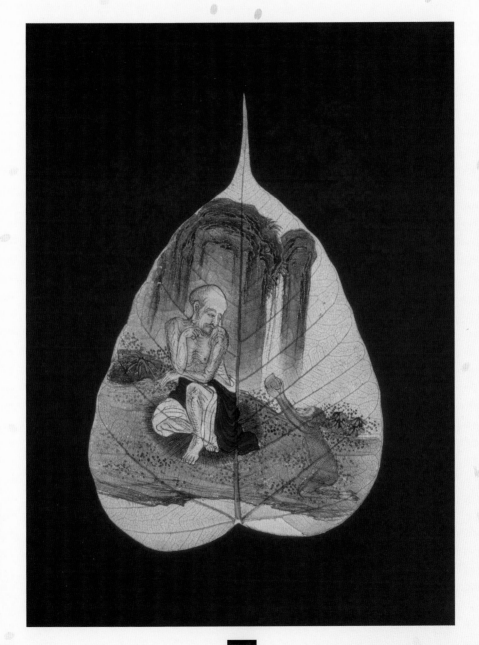

LE BRIS DU LIEN DE
CAUSE À EFFET

*Les mensonges nous poussent à augmenter notre charge karmique,
nous emprisonnant ainsi dans un monde d'apparences.*

La doctrine du karma (en japonais : *innen*), la loi de la cause à effet, est un élément bien connu des religions orientales. Dans l'hindouisme, le résultat des mauvaises actions nuit à notre évolution spirituelle dans les vies ultérieures. Si notre charge karmique est imposante, nous risquons de nous réincarner en animaux ou dans l'un des nombreux enfers. Dans le bouddhisme, l'âme (*anatman*) ne peut être détruite, mais l'effet de nos mauvaises actions nuit à notre évolution et nous empêche d'atteindre la nature de Bouddha.

L'avidité, l'appétit sexuel et la colère – des péchés pour les chrétiens – sont, dans le bouddhisme, des erreurs qui nous emprisonnent dans le monde phénoménal. Dans le zen, l'accent n'est pas mis sur l'action, mais sur l'intention liée à celle-ci.

Lorsqu'un élève du zen prononce les vœux de bodhisattva, il doit se conformer aux dix préceptes, ou jujukai, qui régissent son comportement. Malgré une apparente similarité, ces préceptes se distinguent des dix commandements de Moïse. Lorsque l'élève ne s'y conforme pas, il ne commet pas de péché, mais pose plutôt un geste d'ignorance qui augmentera sa charge karmique individuelle. Les préceptes représentent une étape parmi plusieurs pour atteindre la nature de Bouddha par la réduction de notre charge karmique. Après avoir atteint l'illumination, nous devons nous conformer à ces préceptes non pas par obligation, mais de façon spontanée. Dans la doctrine bouddhiste, il n'existe ni réalité inévitable ni prédestination car, lorsque nous atteignons l'état d'illumination, nous brisons le lien de cause à effet.

LES DIX PRÉCEPTES

Je fais le vœu de ne pas tuer • Je fais le vœu de ne pas voler • Je fais le vœu de ne pas adopter un comportement sexuel dommageable • Je fais le vœu de ne pas mentir • Je fais le vœu de ne pas consommer des substances intoxicantes • Je fais le vœu de ne pas parler des erreurs des autres • Je fais le vœu de ne pas m'admirer et de ne pas calomnier les autres • Je fais le vœu de ne pas me mettre en colère • Je fais le vœu de ne pas calomnier les trois joyaux (Bouddha, Dharma et Sangha)

Le zen met l'accent sur l'intention plutôt que sur les actions. La méditation et la contemplation sont donc plus importantes que leur objet.

« VRAIMENT ? »

Tout comme les paraboles de Jésus, les leçons zen sont de courtes histoires qui envoient des messages pénétrants et complexes.

Le chan et le zen se consacrent très peu aux écritures et aux commentaires savants. Les deux traditions s'opposent à l'apprentissage par les livres et n'ont que peu à faire du respect des rites sacrés.

Toutefois, le maître zen, ou roshi, a besoin de matériel pour illustrer ses leçons. Au fil des siècles, un ensemble d'histoires zen fut créé. Certaines histoires se sont retrouvées dans des anthologies, comme Shasekishu. Ces histoires ont été compilées par un moine de la lignée rinzai, Ichien (aussi connu sous le nom de Dokyo ou Muju – de 1226 à 1312), et sont encore utilisées dans l'enseignement d'aujourd'hui. Habituellement courtes, ces histoires illustrent comment un pratiquant zen doit se comporter dans le monde. Les thèmes des histoires zen proviennent de sources différentes. Les événements tirés de la vie du Bouddha historique sont fréquents. Par contre, la majorité de ces événements proviennent de la vie de patriarches chinois et de maîtres zen. Parmi les favoris japonais, on retrouve la vie de Hakuin, un moine réformateur du XVIIIe siècle.

« VRAIMENT ? »

Dans son quartier, Hakuin avait la réputation de mener une vie pure. Une fille éblouissante, dont les parents possédaient un magasin, habitait tout près. Un jour, ses parents découvrirent qu'elle était enceinte. Furieux, ils lui demandèrent le nom du père. Elle répondit que c'était Hakuin. Les parents en colère rendirent immédiatement visite au moine, afin de le confronter. Il les écouta patiemment et leur répondit uniquement : « Vraiment ? »

Après la naissance de l'enfant, les parents remirent ce dernier au père désigné. Hakuin accueillit le bébé et en prit soin de son mieux. Sa réputation était détruite, mais cela ne semblait pas le déranger. Une année s'écoula. La fille n'en pouvait plus. Elle avoua que Hakuin n'était pas le père de l'enfant, que le père était un autre jeune homme du village.

Les parents visitèrent immédiatement Hakuin pour lui demander pardon et réclamèrent l'enfant. Hakuin le leur remit. Encore une fois, son seul commentaire fut : « Vraiment ? »

Grâce à sa sérénité, Hakuin
défendit l'honneur d'une
jeune fille de sa région qui
l'accusait de l'avoir mise
enceinte.

« D'ABORD, VIDER SA
PROPRE TASSE »

*Les histoires zen sont aussi vieilles que le bouddhisme
lui-même, mais elles sont aussi très contemporaines,
car on continue à en rédiger.*

Les histoires zen abordent plusieurs thèmes, y compris certains qui
n'apparaissent pas dans les anthologies de plusieurs religions, comme la
sexualité.

UNE TASSE DE THÉ

Nanin était un maître zen de la période Meiji au Japon (de 1868 à 1912).
Un jour, il obtint une entrevue à l'université avec un professeur qui désirait
en apprendre davantage sur le zen. Comme la coutume le veut au Japon,
Nanin offrit une tasse de thé vert à son invité.
Il lui versa une tasse entière, puis
continua de verser le thé jusqu'à ce
qu'il déborde. Le professeur lui
dit : « La tasse est pleine ! Vous
ne pouvez pas la remplir
davantage ! » Nanin déposa la
théière et lui répondit : « Tout
comme cette tasse, votre esprit
est rempli de vos propres
opinions et hypothèses. Comment
puis-je vous apprendre le zen si vous
ne commencez pas par vider votre
tasse ? »

L'image de la tasse pleine de
thé vert de Nanin représente
l'esprit rempli de désirs et de
préoccupations terrestres.

LE BOUDDHA AU NEZ NOIRCI

Une moniale créa une statue de
bouddha et la recouvrit d'une feuille
dorée. Elle apportait toujours le
bouddha avec elle. Un jour, elle s'arrêta
à un temple de campagne où se

trouvaient plusieurs bouddhas, chacun ayant son propre abri.

La moniale désirait offrir de l'encens uniquement à son bouddha. Elle fit donc un entonnoir qui dirigeait la fumée de l'encens vers sa statue. Le nez du bouddha fut noirci par la suie, le rendant particulièrement laid.

SANS TENDRE BONTÉ

Pendant 20 ans, une vieille femme chinoise aida un moine chan. Elle lui construisit une hutte et le nourrit pendant qu'il méditait. Un jour, elle décida de le mettre à l'épreuve pour voir s'il avait évolué.

Elle demanda donc à une des plus jolies filles du village d'aller voir le moine, de le prendre dans ses bras, et de lui demander : «Qu'arrive-t-il maintenant?»

La fille fit ce que la femme lui avait demandé. Elle entra dans la hutte, le caressa, puis lui demanda : «Qu'allez-vous faire maintenant?»

Le moine lui répondit froidement : «Un vieil arbre croît sur

Dans l'histoire du bouddha au nez noirci, une femme dirigeait la fumée d'encens vers le vieux bouddha, pour qu'elle seule puisse l'adorer.

une roche en hiver. Toute chaleur est absente.»

La fille répéta à la vieille femme ce qui s'était passé.

La vieille femme fut furieuse. «Quand je pense que je l'ai nourri pendant 20 ans! s'exclama-t-elle. Il n'a aucunement tenu compte de vos besoins, il vous a longuement expliqué votre condition. Il n'avait pas à faire preuve de passion, mais il aurait dû montrer de la compassion.»

Elle entra immédiatement dans la hutte et, après voir évincé le moine, la brûla.

LE DRESSAGE DU BON BŒUF

L'utilisation d'art figuratif pour transmettre les messages de façon simple et immédiate est une caractéristique déterminante du zen.

En plus des koans et des leçons dans les histoires sur les patriarches, le zen utilise l'instantanéité des images pour transmettre ses enseignements. Les dix bœufs (aussi connus sous le nom de *Séquence du troupeau de bœuf*) sont une série de peintures du maître chan Kakuan de la dynastie Song (de 969 à 1276). Ce dernier était un disciple de l'école chan de Lin Chi. La séquence représente les diverses étapes de la vie zen, à l'aide de métaphores montrant un garçon qui part à la recherche d'un bœuf perdu. Le bœuf représente la nature de Bouddha, tandis que le garçon représente l'humain. Dans la première partie de la séquence, le garçon et le bœuf sont deux entités différentes. Alors que la séquence progresse, ils deviennent un.

À LA RECHERCHE DU BŒUF

Le bœuf est perdu, symbole de la perte de la spiritualité. En raison de sa séparation avec la nature de Bouddha, et de l'illusion causée par ses sens, le garçon ne peut retrouver le bœuf.

LA DÉCOUVERTE D'EMPREINTES

Malgré sa confusion, le garçon découvre les empreintes du bœuf, à l'aide des écritures (sutra).

LE BŒUF EST APERÇU

La nature véritable du garçon s'ouvre par le son. Il constate l'origine des choses. Ses sens s'apaisent et deviennent harmonieux.

LA CAPTURE DU BŒUF

Le garçon a attrapé le bœuf.
Ce dernier est toutefois
difficile à maîtriser et désire
retourner dans les pâturages.
Le garçon doit garder le
contrôle en étant strict.

LE DRESSAGE DU BŒUF

Après un long moment,
le bœuf se laisse diriger,
le garçon peut donc le
guider sans difficulté.

L'ACCOMPAGNEMENT DU BŒUF À LA MAISON

La lutte est terminée. Le garçon
a transcendé la perte et le gain.
Il revient sur le dos du bœuf
désormais maîtrisé, en jouant de
la flûte. Son cœur est rempli
d'une joie incomparable.

Le bœuf est un des animaux domestiques les plus communs en Chine. Son importance symbolique et pratique aurait immédiatement été reconnue par le public de Kakuan. La série se fonde sur une série taoïste antérieure de huit taureaux. Par contre, celle des dix bœufs de Kakuan est entièrement zen. Chaque bœuf est accompagné d'un court texte en prose. La série a été reproduite plusieurs fois en Chine et au Japon.

LE BŒUF EST TRANSCENDÉ

Le garçon est seul. Il ne voit plus le bœuf comme étant séparé de lui-même et reconnaît le bœuf comme un symbole dont il n'a plus besoin. Il est maintenant entier et en paix.

LE BŒUF ET LE SOI SONT TRANSCENDÉS

Le bœuf et le garçon ont tous deux disparus. Même le concept de sainteté n'a pas persisté. Dans cette vacuité, le caractère complet de la vie est reconnu.

LE RETOUR À LA SOURCE

Le garçon demeure dans l'esprit immobile. Il perçoit l'Univers tel qu'il est, en évolution constante – les rivières coulent, les oiseaux volent et les arbres bourgeonnent –, mais lui-même se situe au-delà du changement.

LE MONDE AU QUOTIDIEN

Le garçon retourne dans le monde en tant qu'homme libre ayant transcendé la dualité. Il fait tout avec son être entier, car il n'a rien à perdre ou à gagner. Il manifeste l'idéal du bodhisattva et se prive de la libération pour aider les autres.

CHAPITRE CINQ

CUEILLIR LA
FLEUR

CUEILLIR LA FLEUR

Le fait de prononcer des vœux monastiques ou de prêtrise est un des moyens d'entamer une vie zen. Toutefois, le zen attire aussi des millions d'adeptes partout dans le monde.

Il existe plusieurs moyens qui permettent de vivre une vie zen. Pendant la période Edo (de 1600 à 1867), le temple bouddhiste de village ressemblait à un mélange d'église de paroisse, de registraire et de cimetière. Le travail de moine au temple était transmis de génération en génération, et seuls les moines et les moniales devaient faire vœu de célibat. Même si la plupart des monastères se trouvent au Japon et en Corée, il en existe un nombre grandissant en Amérique du Nord et en Europe.

Les rituels entourant l'entrée d'un candidat dans un monastère zen font partie de la tradition culturelle japonaise. En premier lieu, le candidat doit prendre un bain chaud – une activité quotidienne au Japon, où les douches sont encore récentes. L'abbé rase ensuite la tête du candidat, ne laissant qu'une seule mèche de cheveux. Le candidat, vêtu de blanc, symbole de la pureté, est présenté à la communauté, ou sangha. Après avoir fait une révérence devant l'abbé et ses parents, signifiant ainsi qu'il brise les liens avec sa famille et qu'il entre au sein de la sangha, le candidat se fait raser la dernière mèche de cheveux par l'abbé. L'abbé remet ensuite au candidat une robe noire (koromo) qui symbolise la vacuité. Après d'autres prières, l'abbé donne un nouveau nom au candidat.

La vie au sein du monastère est régie de façon stricte. Des périodes quotidiennes sont prévues pour la méditation assise, les entrevues avec un enseignant et le travail manuel. Les moines et les moniales bouddhistes doivent aussi se rendre dans le monde extérieur pour quêter de la nourriture, même si ce geste est fortement symbolique et ne représente pas un moyen de subsistance.

Selon la tradition mahayana, l'illumination n'est pas réservée aux moines et aux moniales ordonnés, comme c'est le cas dans la tradition hinayana. Des millions d'adeptes du zen participent à des retraites, méditent et étudient, de la même façon que les moines ordonnés.

> La vie dans un monastère japonais est régie par une routine stricte de méditation, d'étude et de travail.

LES SIGNES DE LA
VOIE

Puisque le zen est transmis directement d'un esprit à l'autre, la relation entre l'enseignant et l'élève joue un rôle crucial.

Comme on peut s'y attendre, le rôle de l'enseignant, ou roshi (vieux maître), est paradoxal dans le zen. Après tout, si nous sommes tous nés avec une nature de Bouddha, nous n'avons rien à apprendre et les enseignants rien à enseigner. Par contre, la relation est au centre de la pratique zen, en raison du concept de transmission directe. L'élève et l'enseignant établissent une relation très étroite.

Même s'il n'a rien à enseigner, le roshi découvrira et signalera des erreurs ou des divergences de la vie zen, et confirmera la compréhension de l'élève lorsque ce dernier atteindra la kensho, l'illumination initiale. Au bout du compte, le roshi est la seule personne apte à remettre à l'élève l'inkashomei, ou le certificat d'illumination.

Les styles d'enseignement de la lignée rinzai et de la lignée soto sont totalement différents. Dans la lignée rinzai, l'enseignant est un guide dynamique, quelquefois violent, qui utilise les koans, les cris et les coups. Dans la lignée soto, la routine n'est pas moins stricte ou difficile, toutefois elle est plus calme, se fondant sur un système de formation qui comprend principalement zazen.

LA FORMATION D'UN ROSHI

Pour effectuer la formation complète d'un roshi dans un monastère zen de lignée rinzai, en passant par les cinq niveaux de koan et d'autres formalités, on doit compter 30 ans. Toutefois, comme nous l'avons vu en étudiant la vie de plusieurs grands maîtres chan, son et zen, des personnes particulièrement douées ou perspicaces ont atteint l'illumination dans une période beaucoup plus courte. À part quelques exceptions, la satori a toujours été confirmée par un maître zen, qui se trouvait lui-même dans une lignée dharma qui existait du temps de la vie de Bouddha. C'est pourquoi l'élève doit être prudent lorsqu'une personne utilise le titre de maître zen si celle-ci n'a pas obtenu un inkashomei d'un roshi reconnu.

Dans le cadre formel d'un monastère japonais, les élèves vont voir leur roshi pour des séances régulières de sanzen (devenir zen). Dans la lignée de zen rinzai, les réunions privées entre le roshi et ses élèves se nomment dokusan. Lors de ces réunions, on voit des échanges de questions et de réponses, nommés mondo ou hossen (épreuves du dharma). Les mondos entre les anciens maîtres sont devenus des koans, qui serviront au roshi pour l'enseignement.

Le roshi est indispensable lors du chemin de l'élève vers l'illumination. Lorsque ce dernier l'atteint, le roshi est le seul qui puisse lui octroyer l'inkashomei.

« LE REPOS ET LA JOIE VÉRITABLES DE LA VOIE DU DHARMA »

Même s'il est extrêmement simple au niveau technique, zazen est très exigeant, tant mentalement que physiquement.

Zazen (méditation assise) est au centre de la pratique zen. Certains croient souvent que les deux ne font qu'un. Dans la lignée du zen soto, c'est la partie principale. Zazen équivaut à la satori, ou illumination. Dogen, le fondateur de la lignée soto, offre des instructions détaillées sur la technique exacte du zazen – après avoir décrit la position assise (page suivante), il poursuit : « Maintenant que vous utilisez la bonne posture, régularisez votre respiration. Si une pensée surgit, prenez-en note et rejetez-la. Si vous utilisez longtemps cette technique, vous oublierez tous vos attachements. La concentration suivra naturellement. C'est l'art du zazen. Zazen est le jeu de dharma apportant repos et joie véritables. »

La technique zazen est extrêmement simple en elle-même. Elle n'exige aucun rituel ni mantra compliqué (des mots ou des phrases qui sont des objets de méditation). Les débutants doivent se concentrer sur leur respiration, en comptant des cycles de dix respirations pendant des périodes de 40 ou de 50 minutes. Les personnes du niveau avancé peuvent se concentrer sur leur respiration sans compter les cycles. Finalement, la forme shikantara (ne rien faire sauf demeurer assis) est, selon Dogen, la forme la plus difficile de zazen. Aucune forme de la concentration, comme la respiration, n'est requise. Dans la lignée du zen soto, les personnes assises font face à un mur nu (mempeki), pour rappeler les neuf années de méditation du Bodhidharma face à un mur d'une caverne.

Dans la position du lotus, le corps est tenu en parfait équilibre, aux fins de la méditation.

COMMENT PRATIQUER ZAZEN

Les positions traditionnelles de zazen sont le yoga, le lotus (padmasana), le demi-lotus (ardha-parmasana) à genoux, assis sur les talons (seiza). Vous tenez votre tête et votre dos droits. Vos mains sont posées sur vos cuisses. Le dos de la main gauche est placé dans la paume de la main droite, pouces joints. Gardez les yeux ouverts. Suivez votre respiration, et concentrez-vous sur le hara, le centre d'énergie de votre corps, situé sous le nombril. Les trois postures sont difficiles pour ceux qui ne sont pas habitués à s'asseoir sur le sol. Si vous essayez une posture où vous devez croiser les jambes, asseyez-vous sur un matelas ou un coussin pour vous aider à garder le dos droit. Pour rendre la seiza plus confortable, agenouillez-vous sur un grand coussin, et placez un autre coussin plus petit sous les fesses pour soulager la pression sur les articulations des jambes. Vous pouvez aussi vous asseoir sur un tabouret ou une chaise en bois.

Selon la légende, Bodhidharma a médité dans une caverne pendant neuf ans.

LA BARRIÈRE SANS PORTE

Le koan n'est pas un casse-tête verbal qu'on doit résoudre – c'est un obstacle que l'élève doit surmonter.

La célèbre question de Hakuin, «Quel bruit fait une main qui tape dans l'autre?», qui se trouve dans l'introduction du présent livre, est un koan (un avis public). Les koans prennent la forme de questions, de phrases ou de mots qui sont présentés à un élève du zen par son enseignant. Ces koans comprennent souvent des énoncés paradoxaux ou des casse-têtes. Toutefois, l'objectif n'est pas de mettre à l'épreuve la pensée latérale de l'élève. Il n'existe aucune réponse intelligente aux koans. Pour plusieurs élèves, il n'existe aucune réponse.

LE BRUIT D'UNE MAIN QUI TAPE DANS L'AUTRE

Le maître Mokurai avait un jeune novice à sa charge. Il se prénommait Toyo et avait douze ans. Toyo observait des élèves plus âgés qui visitaient Mokurai pour la sanzen. Lui aussi désirait suivre cette formation, mais il était trop jeune. Malgré tout, le garçon insistait. Mokurai lui posa finalement une question: «Quel bruit fait une main qui tape dans l'autre?»

Toyo retourna dans sa chambre. À la fenêtre, il entendit une geisha jouant du shamisen (un instrument à cordes, semblable au banjo). Il revint voir Mokurai et répondit à la question en offrant la musique que jouait la geisha. Mokurai le réprimanda rapidement. «Non, non, dit-il, ça ne fonctionnera jamais.»

Toyo retourna à nouveau dans sa chambre. Il écouta les sons qu'il entendait l'un après l'autre. Les gouttes d'eau qui tombent, le vent, le cri d'une chouette. Mais Mokurai rejeta tous les sons que proposait Toyo.

Finalement, Toyo entra en phase de méditation profonde et transcenda tous les sons. «Je ne pouvais plus recueillir de sons, indiqua-t-il à Mokurai. J'ai donc obtenu un son silencieux.» Il avait entendu le son d'une main qui tapait dans l'autre.

Les élèves réfléchissent à des koans durant zazen. Ils peuvent aussi les apporter avec eux dans leurs activités quotidiennes. Les koans permettent à l'élève de centrer ses pensées et de les empêcher de vagabonder. Les koans sont comme des grains de poussière qui irritent l'huître, créant une perle. Ils servent à modifier la pensée logique et les connaissances de l'élève. De plus, les koans remettent en question les associations métaphoriques jusqu'à ce que l'élève, épuisé, obtienne une réponse qui montrera à son enseignant qu'il discerne la vérité que les koans doivent enseigner.

Les moines apportent souvent des koans avec eux, qu'ils soient à l'intérieur ou à l'extérieur du monastère.

Au départ, les koans étaient utilisés pour former les élèves, conformément à l'école Lin Chi du bouddhisme chan (en japonais : *rinzai*). Selon les premières dates inscrites, les koans ont commencé à être utilisés au IXe siècle. Le *Recueil de la falaise verte* (en japonais : *Hekiganroku*) est l'une des premières collections de koans, compilée par Yuan Wu Ko Chin (de 1036 à 1135, ère chrétienne).

La collection chinoise la plus populaire est probablement La *Barrière sans porte* (en japonais : *Mumonkan*), de Wu Men Hui Kai (1183 - 1260). Dans l'introduction du texte, Wu Men explique pourquoi il les a écrits.

UN BUFFLE D'ASIE
S'ÉCHAPPE DE SON ENCLOS

Le maître Goso Hoen Zenji a dit : « Lorsqu'un buffle s'échappe de son enclos pour se précipiter vers le bord d'un ravin, ses cornes passent, sa tête passe, ses sabots passent, tout passe... sauf la queue. Pourquoi la queue ne peut-elle pas passer ? »

Wu Men a commenté : « Si une personne peut ouvrir un œil à ce moment et dire un seul mot zen, elle pourra racheter les quatre gratifications et sauver les innombrables êtres impermanents. Si elle demeure silencieuse, elle devra regarder sa queue. »

Il a ensuite ajouté le psaume : « Si le buffle court, il tombera dans le ravin ; s'il retourne dans l'enclos, il sera abattu. Cette queue est une chose très étrange. »

« Durant l'année 1228, les moines du monastère Lung Hsiang m'ont demandé des instructions. Lors de mes discours, j'ai répété les vieux koans pour inspirer leur pratique. Je voulais utiliser les koans des maîtres, comme un homme peut utiliser une pierre pour frapper la barrière. Il se débarrasse ensuite de ses outils lorsque s'ouvre la barrière. Quand j'ai rassemblé mes notes, j'ai été surpris de voir qu'il n'y avait que 48 koans, comprenant chacun un commentaire et un psaume. Même s'ils n'étaient pas classés selon un ordre précis, j'ai nommé cette collection *La Barrière sans porte*. Les élèves peuvent lire les koans et s'en servir comme guide. »

Le premier koan de la collection s'intitule *Le Chien de Joshu*. C'est souvent le premier koan présenté aux débutants :

Un moine demanda à Joshu : « Un chien a-t-il la nature de Bouddha ? »

Joshu répondit : « Mu » (en chinois, *Mu* signifie rien ou non).

Wu Men ajouta un commentaire en prose et un psaume : « Un chien a-t-il la nature de Bouddha ? » C'est là la question la plus importante.

Si vous répondez oui ou non, alors vous perdez votre nature de Bouddha.

C'est l'obstacle du zen. Si vous réussissez, vous rencontrerez Joshu. Vous pourrez ensuite travailler avec tous les patriarches.

Si vous désirez surmonter cet obstacle, vous devez imprégner tout votre corps de la question suivante : « Qu'est-ce que Mu ? » Vous devez y songer jour et nuit. Ne croyez pas qu'il s'agit d'une négation commune ne signifiant rien. Ce n'est pas rien, à l'opposé de l'existence. Si vous désirez réellement surmonter cet obstacle, vous devriez penser à boire une balle de fer chaud que vous ne pouvez ni avaler ni recracher. »

Les koans forment la partie principale de la formation du kanna zen, pratiquée par la lignée rinzai. La lignée soto utilise aussi les koans, mais de façon moins fréquente. Les koans sont distribués par les roshi pour éviter que l'esprit ne vagabonde, et

Plusieurs élèves zen étudient des koans, non seulement pendant la méditation, mais aussi au cours de leurs activités quotidiennes.

ils sont utilisés pour aider les élèves à se concentrer durant zazen. En définitive, les koans provoqueront la kensho, la première illumination, et d'autres expériences de satori.

Pendant des centaines d'années, les koans ont fait partie de la formation zen. Toutefois, leur utilisation formelle n'a été instaurée qu'au XVIIIᵉ siècle, par le maître de la lignée rinzai et le réformateur Hakuin Ekaku (1685 – 1768) et ses successeurs. Ils adoptèrent une méthode d'apprentissage intégrant les koans, et les divisèrent en cinq catégories :

Hosshin koan (réalité ultime) : Ils servent à accroître la sensibilisation à la réalité ultime ou à la nature de Bouddha. Lorsqu'il les utilise, l'élève peut expérimenter la kensho.

Kikan koan (soutien) : Même si la nature de Bouddha est non différenciée, ces koans tentent de donner à l'élève la capacité de discerner la distinction au sein de la non-distinction.

Gonsen koan (paroles compatissantes) : Ces koans comprennent des paroles difficiles des patriarches, et augmentent la sensibilisation envers leur signification profonde.

Nanto koan (difficiles) : Ce sont les koans les plus difficiles à aborder. Le buffle d'Asie est un koan parmi la série de koans nanto.

Goi koan (cinq rangs) : C'est la dernière série de koans. L'élève doit avoir réussi les quatre catégories précédentes. Ces koans évaluent et approfondissent l'introspection individuelle.

L'ÉTUDE DES KOANS

Les koans sont provocateurs, car ils encouragent l'élève à interpréter ou à expliquer du matériel qui semble souvent paradoxal ou dénué de sens. Ce n'est qu'au moment où l'élève admet que la pensée rationnelle est inutile que les koans commencent à avoir un réel impact. Souvent, on a décrit les koans comme étant les charbons ardents de l'âme – ils ne doivent être ni analysés ni réfléchis. L'élève doit plutôt se sensibiliser, de façon répétitive, à l'essence du koan. Il doit attendre que sa signification apparaisse spontanément. De cette façon, certains maîtres zen voient la vie comme un koan prolongé au cours duquel on doit vivre le moment présent et cueillir la spontanéité.

L'HUMAIN EST
LE TEMPLE

Au Japon, le zen a hérité de ses grandes constructions du passé, mais le véritable temple zen est l'humain.

Le premier aspect que remarque le visiteur d'un important complexe zen japonais, comme celui de Daitokuji à Kyoto, est l'extrême rigidité de son architecture. Les temples zen ont pour modèles les temples chan de la dynastie Sung de Chine (960 – 1279), avec leurs différents bouddhas et leurs salles d'études disposées sur un axe nord-sud. Les carrelages, les fenêtres en accolade et les colonnes effilées leur donnent une allure chinoise. Bien que les salles contiennent des images de Bouddha et de différents bodhisattvas, celles-ci ne sont pas adorées et ne représentent pas non plus le centre de rituels élaborés comme dans d'autres écoles bouddhistes.

L'histoire qui suit relate l'attitude zen face aux temples, aux reliques et aux statues.

Lors de l'un de ses voyages, le moine Tan Hsia (739 – 824) s'arrêta dans un temple chan, une nuit au cœur de l'hiver. Ne trouvant pas de combustible pour le brasero, Tan Hsia brûla la statue de Bouddha du sanctuaire. Le lendemain, lorsque le prêtre du temple le réprimanda, Tan Hsia répondit : « J'essayais d'en tirer les os et les cendres (les reliques bouddhistes les plus précieuses) de Bouddha. »

— Comment croyez-vous les obtenir à partir d'un morceau de bois ? demanda le prêtre.

— Si ce n'est qu'un morceau de bois, alors pourquoi me réprimandez-vous ? répliqua Tan Hsia.

Le véritable travail d'enseignement du zen à Daitokuji n'a pas lieu dans les salles officielles qui sont fermées la plupart du temps, mais dans les nombreux sous-temples, cachés derrière des murs et des haies. À l'intérieur de ces enceintes se trouvent des édifices plus petits et moins officiels. Construits dans le style shoin traditionnel, ces temples ont des planchers en tatami ainsi que de vastes vérandas de bois surplombant des jardins disposés avec soin. Les sous-temples, comme le Koto In à Daitokuji, ne ressemblent pas à des édifices religieux et sont considérés comme tels uniquement parce que des moines y résident. Dans le zen, l'humain lui-même est le temple.

Un bon nombre de temples zen contiennent de fabuleuses images de bodhisattvas et de Bouddha, mais celles-ci ne sont pas des objets de culte.

L'UNION DU CŒUR ET DE L'ESPRIT

La vie monastique ou la retraite se déroule selon un horaire exigeant de méditation et de travail.

Les laïques, tout comme les moines et les moniales ordonnés, assistent à des séances officielles de zazen dans une salle de méditation (zendo). Dans le zendo japonais, l'image de Bouddha est posée sur le mur arrière et les coussins sur lesquels les moines s'assoient sont disposés le long des murs. Dans la pratique soto, les étudiants font face au mur (mempeki). La disposition des salles chinoises et coréennes diffère quelque peu. En Chine, l'image de Bouddha est au centre de la pièce, alors qu'en Corée, les moines forment deux lignes au milieu de la salle. Le moine officiant ouvre la séance par une

Dans un zendo, des étudiants méditent les yeux ouverts.

invocation, en frappant un gong ou une claquette de bois.

Les étudiants méditent assis pendant 40 ou 50 minutes dans un silence complet. Au signal du moine officiant, ils se lèvent pour 10 minutes de méditation marchée (*kin hin* en japonais). Le kin hin japonais est le style le plus formel : les moines tournent autour de la pièce dans le sens horaire, en joignant les mains à la hauteur de la poitrine.

Un moniteur muni du kyosaku (ou *keisaku,* bâton d'éveil) parcourt la salle pendant zazen. Il assène deux coups sur les épaules de l'étudiant qui est avachi ou somnolent. Un étudiant peut aussi demander un coup de kyosaku pour l'aider à se concentrer. Le kyosaku représente l'épée du bodhisattva Manjushri qui dissipe toutes les illusions.

Dans un monastère zen, une semaine est consacrée chaque mois à la pratique intensive de zazen. On appelle cette période sesshin (l'union du corps et de l'esprit). Zazen se pratique jusqu'à neuf ou dix heures par jour, celui-ci ayant préséance sur toute autre activité. Les repas sont servis dans le zendo et l'abbé ou le roshi présente une conférence quotidienne, ou keisho. Dans l'Ouest, les retraites zen durent généralement une semaine et respectent l'horaire quotidien du sesshin.

SESSHIN

4 h	réveil
4 h 30	zazen et kin hin
6 h 30	chants
7 h	repas du matin
7 h 30	nettoyage
8 h – 11 h 30	zazen et kin hin
11 h 30	chants
11 h 45	repas du midi
13 h	repos
14 h	zazen
14 h 30	conférence
15 h 30 – 18 h	zazen et kin hin
18 h	repas du soir
18 h 45 - 19 h 30	repos
19 h 30 -21 h	zazen et kin hin
21 h 30	coucher

PARTIR DE
L'INTÉRIEUR

Le zen n'est pas une religion d'obstacles externes; en tant qu'étudiant profane, vous n'avez ni à apprendre une langue étrangère ni à vous raser les cheveux.

Comment le zen, cette philosophie qui tire ses origines de l'Inde du VIe siècle, peut-il être pertinent pour l'Occidental du XXIe siècle? Malgré son ancienneté, il demeure étonnamment moderne. Bien que le zen soit fondé dans le cadre des rituels et de l'enseignement japonais, ces éléments sont secondaires et ne sont pas au cœur du mode de vie zen. Vous ne devez pas connaître le sens du mot japonais zazen pour vous

asseoir et méditer, ou celui du mot kensho pour atteindre l'illumination. Le zen ne véhicule pas de croyance – même les dix préceptes ne sont que des guides. Si vous expérimentez une forte croyance durant zazen, fût-elle en Bouddha lui-même, vous êtes invité à l'ignorer complètement, car celle-ci peut vous

Le zen propose un mode de vie qui peut être adopté par tous, y compris par les étudiants profanes de l'Orient comme de l'Occident.

empêcher d'atteindre la nature de Bouddha dénuée d'ego.

Le zen n'est pas une de ces religions occidentales qui demandent à se transformer de l'extérieur. Vous n'avez pas à changer de vêtements, à vous raser les cheveux ou à apprendre une langue étrangère ; tout au plus, vous devrez peut-être investir dans quelques bons coussins. Bien sûr, le zen transformera votre vie, mais il le fera de l'intérieur. Les connaissances acquises par la méditation et l'étude changeront votre façon de penser et, petit à petit, transformeront votre façon de vivre.

« L'ESPRIT ORDINAIRE »

- Qu'est-ce que la voie ? demanda Joshu à son maître, Nansen.

- L'esprit ordinaire est la voie, répondit Nansen.

- Comment puis-je trouver l'esprit ordinaire ? questionna Joshu.

- Si tu la cherches, tu la perdras, dit Nansen. La voie n'est pas une question de savoir ou de ne pas savoir. Savoir est illusion, ne pas savoir est confusion. Quand tu auras trouvé la véritable voie, tu réaliseras qu'elle est vaste et sans fin.

L'ESPRIT ZEN, L'ESPRIT DU DÉBUTANT

Au cours du XXᵉ siècle, deux professeurs japonais exceptionnels ont fait pénétrer le zen aux États-Unis.

Le premier maître zen à visiter les États-Unis fut Soyen Shaku. Il assista au Parlement mondial des religions, tenu à Chicago en 1893. Un de ses étudiants, l'érudit Daisetsu Taitaro Suzuki (1870 – 1966), s'est vu offrir un emploi par un éditeur religieux de Chicago en 1897. Il accepta le poste et décida d'atteindre la satori avant d'entreprendre sa nouvelle vie aux États-Unis. Il redoubla d'efforts et, après dix mois d'études intensives, parvint à l'illumination. Il fut le premier Japonais à écrire sur le zen en anglais, à partir de sa propre expérience. En 1927, ses *Essais sur le bouddhisme zen* en trois tomes furent publiés. Il demeura aux États-Unis pendant 13 ans, puis retourna au Japon en 1909 pour

y enseigner la langue anglaise. En 1922, il fut nommé professeur de philosophie bouddhiste à l'Université Otani à Kyoto.

Le deuxième maître et, sans l'ombre d'un doute, la figure la plus importante dans la transmission du zen soto aux États-Unis, fut un autre Suzuki (sans lien avec le précédent), Shunryu Suzuki (1905 – 1971).

La peinture ci-contre illustre un moine qui voyage coiffé d'un chapeau et tenant un éventail. Il porte sur son dos une lourde charge de sutras.

Pendant la guerre du Pacifique (1941 – 1945) entre le Japon et les États-Unis, il mit sur pied une organisation pacifiste.

En 1958, on l'invita à San Francisco pour prendre la direction de la section locale de soto. Dans un premier temps, il avait l'intention d'y rester un an ou deux, puis de retourner au Japon, mais il fut charmé par les États-Unis et ses habitants au point qu'il décida d'y demeurer. Il mit sur pied le Centre zen de San Francisco et fut bientôt entouré d'un groupe de 60 étudiants. Il fonda ensuite le premier monastère zen en dehors de l'Asie à Tassajara Springs en Californie. Ses discours furent réunis et publiés en 1970 sous le titre : *L'Esprit zen : l'esprit du débutant*. Aux yeux de Suzuki, l'esprit du débutant, toujours ouvert aux nouvelles expériences, se rapproche de l'esprit original ou de la nature de Bouddha.

> Shunryu Suzuki fut une figure de proue dans la dissémination du zen aux États-Unis.

L'EST RENCONTRE L'OUEST

Le XXᵉ siècle fut témoin de la transmission des traditions bouddhistes à l'Ouest, notamment le bouddhisme tibétain et le zen.

Le bouddhisme est apparu en Occident vers la fin du XIXᵉ siècle, peu après que le Japon eut rouvert ses portes au monde, après deux siècles et demi d'isolement. Bien que les philosophes et les intellectuels s'y soient intéressés, ce n'est qu'à partir de l'après-guerre que le zen a pu faire son chemin parmi la population chrétienne.

Après 1945, les contacts plus fréquents entre le Japon et l'Occident signifiaient qu'un nombre croissant d'Européens et de Nord-Américains étaient exposés aux enseignements zen. Ce dernier devint à la mode chez les écrivains et les artistes, particulièrement chez les poètes et les écrivains de la Génération Beat (comme Alan Ginsberg) ainsi que chez les psychanalystes. Une des personnalités les plus importantes influencées par les enseignements du zen fut

Les monastères coréens, comme celui ci-dessous, sont devenus les modèles de plusieurs établissements occidentaux.

Fritz Perls (1893 – 1970), le créateur de la théorie gestaltiste. Avec ses professeurs, ses temples et ses monastères, le zen est maintenant fermement établi en Occident.

En Occident, le zen est associé à une approche minimaliste de la décoration d'intérieur.

Les nouvelles vagues d'immigration de Corée et du Vietnam d'après-guerres ont apporté différentes traditions d'enseignement du zen. Seung Sahn, aussi connu sous le nom de Soen Sa (né en 1927), fut un disciple de premier rang du son coréen. Il tenta d'harmoniser les méthodes d'enseignement orientales traditionnelles et le mode de vie californien. Le zen compte maintenant une sangha européenne et nord-américaine prospère. L'influent auteur de *Les Trois piliers du zen*, Philip Kapleau, en est un bon exemple.

De pair avec la transmission officielle est apparue une transmission non-religieuse du zen en Europe et en Amérique du Nord. On parle ici de la diffusion des arts traditionnels et des arts martiaux du Japon ainsi que du développement du «mode de vie» zen, qui tente d'appliquer les principes du zen à la décoration d'intérieur, à la cuisine et au jardinage.

CHAPITRE SIX

LES VOIES DE LA FLEUR

LES VOIES DE LA FLEUR

Les arts traditionnels ou « voies » du Japon sont perçus comme une autre façon de pratiquer les enseignements du bouddhisme zen.

Le zen a servi d'instrument pour façonner les arts traditionnels du Japon, ou « voies » comme la peinture à l'encre, la calligraphie, la cérémonie du thé, la poésie, les arts martiaux, l'arrangement floral ainsi que l'architecture, la décoration intérieure et l'aménagement paysager.

On considère les « voies » zen comme des solutions de rechange pour atteindre l'illumination. Pour exceller dans l'un ou l'autre des arts traditionnels, le spécialiste doit dépasser la simple adresse technique ; ses actions créatives doivent être totalement spontanées, dénuées d'intention et d'égoïsme. Plusieurs des grands maîtres zen du Japon, comme Hakuin, Ikkyu et Ryokan, sont également reconnus comme de grands poètes, peintres et calligraphes.

L'union des concepts du wabi et du sabi représente le cœur même de l'esthétique zen. La traduction de ces termes en français est difficile, puisque leurs définitions se chevauchent. Le wabi (du verbe japonais *wabu*, « languir », et de l'adjectif *wabishi*, « seul et sans confort ») est une esthétique et un principe moral qui font valoir une vie calme et paisible, exempte des inquiétudes de ce monde. De sa dimension spirituelle découle une libération de tout attachement matériel ou émotionnel. Le sabi, mis de l'avant par le poète Matsuo Basho et ses disciples, est associé au vieil âge, à la désolation et à la solitude. Une fois de plus, bien que ces sentiments aient une connotation négative, la perspective qu'un être puisse transcender les attachements passagers de ce monde pour un état hautement plus satisfaisant s'avère des plus positives.

Le « style » zen est devenu cliché dans la décoration occidentale. Alors que ses défenseurs ont retenu la simplicité de la ligne dépouillée de tout ornement, ainsi que le fonctionnalisme du zen en créant le style minimaliste, ils ont perdu de vue la riche dimension spirituelle qui est la véritable essence des « voies » zen.

L'esprit zen se dévoile autant dans les arts martiaux que dans les formes d'art plus paisibles.

LA DEMEURE DE LA
VACUITÉ

*L'expression suprême de l'esthétique zen du wabi-sabi
est la cérémonie japonaise du thé.*

Les cérémonies entourant la consommation du thé sont apparues en Chine antique. À l'époque de la dynastie Tang (618 – 907), et de nos jours encore au Tibet, on fait bouillir le thé avec du sel et du beurre. Le thé a fait son entrée au Japon au cours de la période Heian (794 – 1185). Il demeura un passe-temps aristocratique jusqu'à ce que le fondateur du rinzai, Eisai, en popularise la culture en recommandant son usage pour des motifs de santé. Les moines zen buvaient le thé dans un bol commun en guise de communion célébrant leur amitié, et aussi pour se garder éveillés pendant la méditation.

Takeno Joo (1502 – 1555) et son disciple Sen no Rikyu (1522 – 1591) ont créé la cérémonie du thé, ou chanoyu (eau chaude du thé), qui est toujours pratiquée au Japon. Tournant le dos aux cérémonies de thé élaborées aux époques précédentes, Sen no Rikyu a créé un rituel imprégné de la philosophie et de l'esthétique zen.

THÉ

La cérémonie du thé tire ses origines du culte de Bodhidharma, qui aurait arraché ses sourcils pour s'empêcher de dormir pendant la méditation. La légende raconte que des théiers se sont enracinés aux endroits où ses cils sont tombés. Bien que la cérémonie du thé exige aujourd'hui un imposant rituel, son but demeure l'unification du corps et de l'esprit. La cérémonie peut sembler trop stylisée, mais en réalité, elle préserve la plus grande simplicité du mouvement.

Cette gravure sur plaque de bois du XVIIe siècle montre une vendeuse japonaise de thé, qui aurait été un personnage important de la société de l'époque.

Son wabicha (thé de la pauvreté) était une forme de méditation visant à libérer l'esprit des tensions quotidiennes et à apporter la paix intérieure. Il spécifia que la cérémonie devait se dérouler dans une maison construite à cet effet et modelée d'après un ermitage rustique.

Les quatre invités de la cérémonie se lavent d'abord les mains dans un bassin de pierre afin de se purifier. Ils doivent se pencher pour entrer dans la maison de thé, geste symbolisant leur humilité et l'égalité de leur statut. L'intérieur, aussi simple et brut que l'extérieur, n'a pour seule décoration qu'une banderole choisie avec soin et un arrangement floral dans l'alcôve, ou tokonoma. Le matériel, comme le chaudron de métal et les bols de thé, est simple et sans ornement, bien qu'il soit de grande valeur. Même si l'étiquette entourant la cérémonie de thé est complexe, elle vise la spontanéité et l'aise entre l'hôte et ses invités. Okakura Kakuzo a été le premier à introduire la cérémonie du thé et ses arts connexes en Occident dans *Le Livre du thé*, publié à New York en 1906.

LE PARADIS, L'HUMAIN ET LA TERRE

Le zen a influencé un autre art traditionnel antique du Japon, la voie des fleurs, ou l'arrangement floral.

L'art de l'ikebana, « fleurs vivantes », aussi appelé kado (voie des fleurs), naquit d'offrandes pour les autels bouddhistes. La première école d'ikebana, l'école ikenobo, fut fondée par Senmu, un noble du XVIIe siècle devenu moine bouddhiste. Un arrangement traditionnel explore la relation entre l'homme et la nature dans un monde transitoire. La tige longue représente le paradis, celle de longueur moyenne, l'humanité et la courte, la Terre. Les arrangements sont asymétriques et utilisent des chiffres impairs, comme trois, cinq et sept. L'espace y est incorporé comme un élément de décoration, à l'instar du principe taoïste du yin et du yang et de son équilibre des contraires. Fidèle aux idéaux du wabi-sabi, l'arrangement est minimaliste ; il a recours à la simplicité de la ligne plutôt qu'aux couleurs pour produire son effet.

Le chabana, « fleurs du thé », de Sen no Rikyu est une tradition reliée au kado, qui est inspiré du zen. La disposition doit paraître totalement naturelle et sans arrangement. L'arrangement floral du thé n'utilise souvent qu'une fleur placée dans un pot de bambou ou de céramique dans l'alcôve, ou tokonoma. Celui-ci est posé directement sous une peinture à l'encre ou une pièce de calligraphie, ou accroché à un des montants de bois qui forment l'alcôve.

Dans *Le Livre du thé*, Okakura Kakuzo raconte l'histoire de la pivoine de Sen no Rikyu pour illustrer l'idéal du chabana. Sen no Rikyu servait le Taiko Toyotomi Hideyoshi (1537 – 1598), un dirigeant militaire du Japon. Un jour, le Taiko vit dans le jardin de la maison de Rikyu un lit de magnifiques pivoines. Il complimenta Rikyu et dit qu'il reviendrait le lendemain pour admirer les fleurs à sa guise. Lorsque le Taiko se présenta le jour suivant, chacune des pivoines avait été déracinée. Furieux, il entra en coup de vent dans le salon de thé pour tancer Rikyu.

C'est alors qu'il vit dans un pot la plus magnifique de toutes les pivoines du jardin, magistralement disposée et aussi fraîche que si elle venait d'être cueillie.

Les arrangements floraux zen symbolisent la relation entre l'homme, la Terre et le paradis.

LES PIERRES SÈCHES

Le jardin de pierres sèches zen est à la fois une interprétation abstraite du paysage et un énoncé philosophique.

Les premiers jardins japonais furent construits sur les terrains des temples et monastères bouddhistes au VIIᵉ siècle. Ils avaient pour modèles les jardins des temples chinois et tentaient de reproduire l'image du paradis occidental bouddhiste ou de recréer, en miniature, de célèbres paysages chinois. Au Moyen Âge, on pouvait généralement diviser les jardins japonais en deux catégories : la première était celle des jardins-promenade le long desquels les visiteurs étaient guidés par des circuits allant d'un belvédère à un autre. Le paysage environnant faisait souvent partie de l'effet d'ensemble. La deuxième catégorie n'était là que pour être observée. Dans les deux cas, on mettait l'accent sur la création d'une atmosphère de calme appelant l'harmonie plutôt que sur une exposition tape-à-l'œil de flore et d'architecture.

Dans l'aménagement des jardins zen, chaque arbre, pierre, ou plante est porteur d'une signification.

Les paysages zen sont reproduits à l'aide de pierres, de sable blanc et de plantes clairsemées.

Les jardins zen atteignirent leur apogée entre les XIIᵉ et XVIᵉ siècles. Connus sous le nom de «jardins de pierres sèches», ou karesansui, ils n'employaient qu'une palette d'éléments extrêmement limitée : pierres naturelles, mousses, arbres et, bien sûr, sable blanc. Le but de ces jardins était de laisser entrevoir à l'observateur l'unité secrète derrière la multiplicité de l'apparence. Le paysage est utilisé de manière purement symbolique, comme une version tridimensionnelle d'une peinture à l'encre.

Le jardin de pierres sèches le plus célèbre est probablement celui créé en 1513 par Soami (1472 – 1525) au temple Ryoanji à Kyoto. Un rude mur brun encercle le grand jardin rectangulaire. Trois groupes de 15 pierres s'y trouvent encerclés de tourbillons de sable blanc méticuleusement ratissé. La signification et le symbolisme des pierres animent les discussions depuis plusieurs siècles. Elles ont tour à tour été interprétées comme des îles au milieu de l'océan, un personnage chinois stylisé ou une tigresse et ses petits.

Le chaniwa (jardin de thé) est un exemple de jardin-promenade zen. Il traduit les idéaux de simplicité et de rusticité dans un cadre de beauté naturel et minimaliste. Le sentier sinueux qui mène de l'entrée du salon de thé est une version condensée du chemin qu'auraient eu à parcourir les invités pour passer de l'agitation de la ville à la tranquillité d'un ermitage sur la montagne.

« SI TU PEINS LA BRANCHE DE FAÇON JUSTE, TU ENTENDRAS LE VENT SOUFFLER »

*La peinture zen ne cherche pas à reproduire fidèlement
la réalité mais à capturer l'essence du moment.*

Plusieurs maîtres chan et zen ont excellé dans les arts connexes de la peinture à l'encre (*sumi-e*) et de la calligraphie (*shodo*, «la voie du pinceau»). Ces deux formes d'art nécessitent le même matériel : des pinceaux de bambou et de soie naturelle, des bâtons d'encre qui doivent reposer sur une pierre et dont l'encre doit être diluée avec de l'eau jusqu'à obtenir la consistance parfaite, et un washi fragile et absorbant (papier fait à la main). L'objectif de l'artiste dans la peinture à l'encre et la calligraphie est de capturer l'instantanéité et la spontanéité du moment de la création en transmettant son énergie spirituelle à l'œuvre. Le geste doit être délicat, fluide et continu.

La peinture à l'encre, contrairement à la peinture à l'huile ou à l'eau de l'Occident, ne tolère aucune esquisse ou correction quand le coup de pinceau a été donné. Aucune règle ne régit la composition, la symétrie ou la perspective et on met l'accent sur le dynamisme plutôt que sur la précision et la fidélité à la nature.

Le concept de *li* (principe) se trouve au cœur de la peinture à l'encre chan. Pour transmettre correctement le li du sujet, le peintre doit ignorer l'ego qui s'immisce entre le pinceau et le sujet. Bien que la nature soit le sujet le plus commun, la peinture à l'encre a également fait de l'illustration de sujets humains une tradition importante. Les représentations zen et chan des patriarches sont moins des portraits formels que d'irrévérencieuses caricatures, les montrant dans des positions indignes. Un des sujets de prédilection est le pansu dieu chinois de la chance, Pu Tei (en japonais, *Hotei*), qui incarne la joyeuse et spontanée expérience de vie zen.

Par opposition à la calligraphie monastique occidentale, avec ses reproductions longues et laborieuses et l'emploi élaboré d'ornements, de couleurs et de feuilles d'or, la calligraphie de l'est de l'Asie est spontanée et instantanée. Le maître trace le personnage chinois choisi (en japonais, *kanji*) d'un seul mouvement, sur un fond vide et blanc. Encore une fois, il n'y a ni esquisse ni correction. Les sujets préférés de la calligraphie zen sont le caractère ichi, le chiffre un, représentant la nature unitaire de la réalité, et le cercle représentant le vide.

> Les paysages sont des thèmes populaires, mais le portrait, la flore et les arbres se retrouvent aussi couramment dans la peinture zen.

« UNE GRENOUILLE Y SAUTE »

L'incarnation littéraire de l'esthétique zen se retrouve dans l'œuvre du maître haiku Matsuo Basho.

Le haiku (ou hokku) est un poème japonais composé de trois vers ayant respectivement 5, 7 et 5 syllabes. Traditionnellement, on y fait référence à la saison pendant laquelle il a été composé. À l'opposé de la poésie noble et courtoise du waka, le haiku était à l'origine le premier tercet d'une forme de poème lié, le haikai. Jusqu'au XVIIᵉ siècle, le haikai n'était rien de plus qu'un jeu grâce auquel les participants pouvaient démontrer leurs connaissances littéraires et leur savoir. Ce n'est qu'à l'arrivée de Matsuo Basho et de ses disciples que le haiku a été associé au zen. Sous la plume de Basho, le haiku est devenu l'expression parfaite de la rencontre entre le poète et la nature de Bouddha.

L'expression artistique de l'esprit zen passe par la peinture et la poésie.

Plusieurs histoires racontent comment Basho a écrit son plus célèbre haiku, qui parle d'une grenouille sautant dans un étang. Basho était un fervent disciple du bouddhisme ; il avait étudié et compris les sutras les plus complexes. Selon la légende, il rendit visite au maître zen Takuan. Assis dans la véranda surplombant le jardin du temple, dont la pièce de résistance était un vaste étang ornemental, ils discutèrent pendant plusieurs heures et Basho donna de savantes réponses aux questions de Takuan.

Enfin, Takuan dit : « Vous êtes un croyant dévoué et un grand homme, mais tout au long de notre entretien, vous n'avez fait que citer les mots de Bouddha et d'éminents professeurs. J'aimerais entendre vos propres mots. Rapidement, faites-moi une phrase de votre cru. »

Pour la première fois, Basho fut perplexe et ne sut quoi répondre. Son esprit était comme un trou noir et il semblait incapable de bouger ou de parler.

« Je croyais que vous compreniez le bouddhisme, continua Takuan. Pourquoi ne pouvez-vous pas me répondre ? »

À cet instant, il y eut un bruit dans le jardin. Aussitôt, Basho dit : « Un vieil étang. Une grenouille y saute. Flac ! »

Takuan rit et s'exclama : « Tels sont les mots de votre vraie personnalité ! »

POÈMES

Déjeuner savoureux
en compagnie des
gloires du matin

Une corneille solitaire
sur une branche nue
un soir d'automne

Rien dans le cri
des cigales ne suggère qu'elles
mourront bientôt

Éveillé à minuit
par le son de la cruche
s'échappant de la glace

Quoique mince et faible
le chrysanthème
bourgeonnera inévitablement

Dans cette voie
aucun voyageur
ne s'assombrit en automne

LES VOIES DU
GUERRIER

L'idéal samurai du bushido est devenu « l'esprit »
des arts martiaux japonais modernes.

À l'apogée de la puissance du samurai, entre les XIIᵉ et XVIᵉ siècles, le zen était perçu comme une partie intégrante du bushido, la « voie du guerrier ». Les deux techniques de maniement d'armes (en japonais, *jutsu*) que préféraient les Japonais étaient l'escrime (*kenjutsu*) et le tir à l'arc (*kyujutsu*). Afin de devenir un épéiste émérite, le guerrier devait d'abord transcender sa peur de la blessure et de la mort. Il en allait du samurai comme du maître peintre ou calligraphe : ses mouvements devaient non seulement démontrer une technique parfaite, mais ils devaient aussi être spontanés et dénués d'intention. Lors d'une rencontre, une seconde d'hésitation pouvait faire la différence entre la vie et la mort.

Au XVIᵉ siècle, lorsque l'on introduisit les armes à feu, l'utilité de ces habiletés sur le champ de bataille diminua. Toutefois, le samurai continua de s'entraîner au maniement de l'épée et de l'arc, quoique le but de l'exercice soit devenu plus spirituel que pratique. Les techniques d'autrefois sont devenues des « voies ». Le kenjutsu est devenu le kendo (voie de l'épée), où l'on utilise une épée en bambou, et le kyujutsu est devenu le kyudo (voie de l'arc). Même si ces techniques pouvaient encore être utilisées pour l'autodéfense, leur objectif était la connaissance de soi, et la bataille entre la vie et la mort n'opposait plus le participant à un adversaire, mais à son propre ego.

Le kendo, un sport toujours pratiqué dans le Japon aujourd'hui, a conservé la notion de compétition. Dans le kyudo, au contraire, toucher la cible est accessoire en comparaison à l'art de lâcher la flèche. Les archers développent un équilibre intérieur de l'esprit et un contrôle extérieur du corps, et l'idéal est de tirer dans un état de non-pensée (en japonais, *mushin*). Aux yeux du maître kuydo, la cible et la flèche ne font qu'un et il ne peut exister de sentiment d'accomplissement ou de défaite, de bien ou de mal.

Ces idéaux se sont transmis à des arts martiaux plus modernes : le karatedo (voie de la main vide), le judo (voie de la souplesse) et l'aikido (voie de l'harmonie). Ce sont trois méthodes de bataille sans arme créées au tournant du XXᵉ siècle.

Le zen est intimement associé à l'escrime et au tir à l'arc japonais.

LEXIQUE

«Ho!» (en japonais : «kwatz!»)
Cri utilisé dans la formation du zen rinzai pour surprendre un élève au point de lui faire connaître l'illumination. Il est aussi utilisé pour symboliser la succession du dharma de maître à disciple.

bodhisattva
«Être illuminé» qui a prononcé le vœu de sauver tous les êtres impermanents, et le niveau le plus élevé que peut atteindre un disciple de la tradition bouddhique mahayana.

bushido
«La voie du guerrier», l'ensemble des préceptes et des idéaux moraux qui gouvernait la conduite du guerrier samurai japonais au cours de la période féodale.

chan
Signifie «méditation» ou «absorption». C'est la traduction chinoise de *dhyana* (sanskrit), de *son* (coréen) et de *zen* (japonais).

chanoyu
Signifie «eau chaude du thé». On l'appelle aussi parfois «chado» ou la voie du thé. Il s'agit de la cérémonie du thé formulée par le maître de thé Sen no Rikyu qui associe l'esthétique wabi-sabi avec la spiritualité zen.

dharma
Le «maintien» des enseignements du Bouddha historique, y compris les quatre nobles vérités et le noble sentier octuple.

dhyana ; jhana
Signifie «méditation». Le bouddhisme indien disséminé en Chine par le Bodhidharma. Cette école fut à l'origine de la naissance du chan en Chine, du son en Corée, et du zen au Japon.

haiku
Verset japonais consistant en trois lignes de 5, 7 et 5 syllabes. Tirant ses thèmes de la nature, le haiku est l'expression littéraire de l'idéal du wabi-sabi.

hinayana
Le «petit véhicule», une des deux traditions bouddhistes, croit qu'il ne peut y avoir qu'un seul bouddha par cycle historique et que l'état le plus élevé pouvant atteindre un disciple est celui de arhat.

ikebana ; kado
Signifie «fleurs vivantes». Est aussi nommé la «voie des fleurs». Il s'agit de l'art des arrangements floraux. Un bon nombre d'écoles d'ikebana existent au Japon, la plupart d'entre elles entretenant des liens étroits avec le bouddhisme.

inkashomei
Signifie «sceau de reconnaissance». Il confirme qu'une personne est un successeur du dharma et a le droit de s'appeler «roshi» ou «maître».

joriki
L'équilibre de l'esprit durant zazen provoque de l'allégresse et une grande énergie physique.

karma
La loi de cause à effet qui gouverne le monde des apparences.

kendo
Escrime traditionnelle japonaise utilisant des épées en bambou.

kensho
Signifie «nature de visibilité». Il s'agit de la première expérience de perception de la nature de Bouddha, prélude aux expériences subséquentes de satori.

koan
Signifie «annonce publique». Il s'agit d'un énoncé ou d'une question utilisée dans la formation zen pour mettre fin à la dépendance de l'élève à la pensée logique et pour tester sa compréhension.

kyosaku ou keisaku
Signifie «bâton d'éveil». C'est un bâton ou goujon utilisé par les maîtres zen pour faire connaître l'illumination aux élèves grâce à un choc ou pour

réveiller un élève sommeillant ou dans la lune pendant zazen.

kyudo
Tir à l'arc traditionnel du Japon utilisant des arcs de bois.

mahayana
Le «grand véhicule», une des deux traditions de bouddhisme populaire en Chine, en Corée et au Japon. Il préconise que la tâche la plus importante du disciple est de travailler pour faire connaître l'illumination à tous les êtres impermanents.

mempeki
Signifie «faire face au mur» en pratiquant zazen, lequel est pratiqué dans le zen soto.

mondo
Séance de questions et réponses entre le maître et l'élève qu'on enregistre généralement sous forme de koans.

nature de Bouddha ; nature bouddhique
(budhata, bussho). La nature indifférenciée sous-tendant le monde des apparences phénoménales. Dans le bouddhisme mahayana, tous les humains sont nés avec une nature bouddhique et tous peuvent devenir des bodhisattvas.

rinzai (en chinois : *Lin Chi*)
École de bouddhisme zen japonais qui préconise l'illumination soudaine.

roshi
Enseignant ou enseignante ayant reçu son inkashomei d'un maître zen.

sangha
Dans le bouddhisme hinayana, il s'agit de la communauté de moines et de moniales ordonnés, alors que dans le bouddhisme mahayana, il englobe tous les pratiquants du bouddhisme.

sanzen
Visiter un maître zen, ou roshi, pour obtenir l'instruction.

satori
Illumination. La capacité de percevoir le principe sous-jacent du monde, la nature bouddhique.

sesshin
Pratique intensive de zazen dans un monastère japonais.

Shakyamuni
Nom donné au Bouddha historique, Siddhârta Gautama.

shikantaza
Type de zazen (méditation assise) préconisé par Dogen, le fondateur du zen soto.

shodo
Signifie «la voie du pinceau». Il s'agit de l'art de la calligraphie.

skanda
Les cinq conditions faisant de nous des humains : la forme, les sensations, l'activité mentale, la perception et la conscience.

son
École coréenne du bouddhisme dhyana.

soto shu (en chinois : *tsao tung*)
École de zen japonais fondée par Dogen.

sumie
Signifie «lavis à l'encre», technique de peinture dans laquelle on utilise des lavis à l'encre monochromes.

sunyata
Doctrine mahayana de vacuité de forme exposée par le philosophe indien Nagarjuna.

sutra
Signifie «fil». Recueil des enseignements de Bouddha et les additions ultérieures de la tradition mahayana, auxquelles fut accordé un statut canonique, tel le sutra du lotus.

theravada
Signifie «enseignements des anciens». Il s'agit de l'école de bouddhisme du Sri Lanka, du bouddhisme du sud de l'Asie, et de la seule école de bouddhisme hinayana ayant survécu jusqu'à nos jours.

vajrayana
École de bouddhisme ésotérique fondée au Tibet et en Mongolie qui érige ses enseignements sur les tantras.

wabi-sabi
Les concepts esthétiques qui sous-tendent tous les arts traditionnels ou voies du Japon, généralement traduits par «la pauvreté, la solitude, les choses vieillies ou délavées, et la tranquillité. »

zazen
Signifie «méditation assise». Il se trouve au cœur de la pratique du zen.

zendo
Salle de méditation zen.

INDEX